ΣBEST シグマベスト

杉山一志 著

文英堂

本書を手にとってくれたみなさんへ

みなさん，こんにちは。この本の著者の杉山一志です。まずは，数ある英語の参考書や問題集の中から本書を手にとってくれて，本当にありがとうございます。

早速ですが，英文法というとみなさんはどのようなイメージを持っていますか。学校や塾で勉強する「難しい理論」という感じでしょうか。また，英文法など学ばなくても英語はできるようになるという話を耳にしたことがある人もいるかもしれません。

実は，英文法は私たち日本人が外国語としての英語を習得したいと思った場合，非常に役に立つ道具なのです。みなさんは，日本語を使って家族の人やお友だちと特に問題なくコミュニケーションがとれると思いますが，それは生まれてから今日まで，大量の日本語というシャワーを浴びることによって，日本語の規則やルールを特別に学ばなくても，それが自然に身についているからなのです。もし日本語を習得してきたように，**英語でもシャワーを浴びて自然に英語を学ぶとすれば，10 年以上はかかってしまう**でしょう。それに，日本国内で 24 時間 365 日英語にずっと触れる環境を作れる人も少ないのではないでしょうか？

そこで登場するのが「英文法」なのです。「英文法」とは，アメリカ人やイギリス人など英語を母語として生活する人たちが，生まれてから何年もかけて自然に習得する英語のルールを，体系的に学ぶことで学習の効率を上げてくれる，とても便利な道具と言えるのです。

そしてみなさんに知っておいてもらいたいもう１つ大切なことがあります。今，小学校から英語教育が行われるようになり，中学受験，高校受験，大学受験，そして社会人の資格試験など，英語力向上を目的として多くの人が一生懸命，英語を学んでくれています。英語が上達するための大切なことはいろいろあるのですが，「英語の仕組みやルール」つまり「英文法」という話になれば，**中学生で学ぶ英文法が最も重要であるということができる**のです。高校生になれば，もっと難しい英文法，社会人で学ぶ英文法はさらに難しいものかと言えば，決してそうではありません。僕の感覚的なものですが，将来的に「読む・書く・聞く・話す」という言葉を用いたコミュニケーションをとるための土台が「英文法」だとして，そのために学ぶべき「英文法」は，中学生のときに学ぶものが全体の８割くらいを占めていると言えると思います。

そうしたことから本書では，英語の「肝」とも言える中学１年生の学習内容が余すところなく定着するように，１冊のドリル形式の問題集にしました。みなさんの中から，本書をきっかけに，英語が得意な人が１人でも多く誕生してくれることを心より願っています。

杉山　一志

本書の特色と使い方，音声について

本書は，中学１年で学習する英語のルール（英文法）を，パターン練習で確実に身につけるためのドリルブックです。

パターン練習とは

たとえば，**I play the piano.**「私はピアノを弾きます」という例文を，「私はテニスをします」とします。

▼

I play tennis.

次に「あなたはテニスをします」とします。

▼

You play tennis.

このように１つの英文の主語や動詞などを変え，くり返し書いて英文法を覚える練習方法です。

1　中学１年で学習するポイントを 64 セクションにわけてあります。

中学１年で習う英文法を 64 セクションに細かくわけているので，そのセクションで勉強するポイントや自分のわからないところ，苦手な部分がはっきりします。間違えた部分は何度も復習しましょう。

2　１セクションは２ページで構成しています。

１セクションは１見開き（2 ページ）で構成しています。英語が苦手な人も無理なく進められます。

3　くり返し書くことで英語のルールがきちんと身につきます。

各セクションは３つの問題から構成されています。文法事項にそった例文をくり返し書いて反復練習をすることで，英語のルールが自然と身についていきます。

英語音声について

各セクションに1つ音声再生のQRコードをのせています。
スマートフォンやタブレットで誌面上のQRコードを読み取ると解説内の英文とその訳，問題（解答）の英文とその訳の音声を手軽に聞くことができます。
また，無料音声アプリ SigmaPlayer2からも音声をダウンロードいただけます。

SigmaPlayer2

・音声は無料でご利用いただけますが、通信料金はお客様のご負担となります。
・すべての機器での動作を保証するものではありません。
・やむを得ずサービス内容に変更が生じる場合があります。
・QRコードは㈱デンソーウェーブの登録商標です。

もくじ

セクション

1 I am ～. と You are ～. ………… 6
2 He is ～. と She is ～. ………… 8
3 We are ～. と They are ～. ………… 10
4 This is ～. と That is ～. ………… 12
5 This ＋名詞＋ is ～. と That ＋名詞＋ is ～. ………… 14
6 These are ～. と Those are ～. ………… 16
7 These ＋名詞＋ are ～. と Those ＋名詞＋ are ～. ………… 18
8 be動詞の疑問文 ………… 20
9 be動詞の疑問文の答え方 ………… 22
10 be動詞の否定文 ………… 24
確認テスト 1 ………… 26
11 I like ～. と You like ～. ………… 28
12 I play ～. と You play ～. ………… 30
13 I [You] を用いた一般動詞 ………… 32
14 Do you play ～?（疑問文） ………… 34
15 Do you play ～? の答え方 ………… 36
16 I [You] don't play ～.（否定文） ………… 38
17 He likes ～. と She likes ～. ………… 40
18 He plays ～. と She plays ～. ………… 42
19 3人称単数現在の s のつけ方 ① ………… 44
20 3人称単数現在の s のつけ方 ② ………… 46
21 3人称単数現在の s のつけ方 ③ ………… 48
22 Does he [she] play ～?（疑問文） ………… 50
23 Does he [she] play ～? の答え方 ………… 52
24 He [She] does not play ～.（否定文） ………… 54
25 代名詞 ………… 56
確認テスト 2 ………… 58
26 現在進行形 ………… 60
27 現在進行形の作り方 ① ………… 62
28 現在進行形の作り方 ② ………… 64
29 Are you ～ing?（現在進行形の疑問文） ………… 66
30 Are you ～ing? の答え方 ………… 68
31 I am not ～ing.（現在進行形の否定文） ………… 70
32 助動詞 can ………… 72
33 Can you ～?（疑問文） ………… 74

34 canの疑問文の答え方 …… 76
35 I cannot ～.（否定文） …… 78
確認テスト 3 …… 80
36 I played ～.（一般動詞の過去形） …… 82
37 一般動詞の過去形（edのつけ方 ①） …… 84
38 一般動詞の過去形（edのつけ方 ②） …… 86
39 一般動詞の過去形（不規則動詞） …… 88
40 Did you ～？（一般動詞過去形の疑問文） …… 90
41 Did you ～？の答え方 …… 92
42 I [You] did not ～.（一般動詞過去形の否定文） …… 94
43 I was ～.とYou were ～.（be動詞の過去形） …… 96
44 be動詞「～がある，～がいる」 …… 98
45 Was he [Were you] ～？（be動詞過去形の疑問文） …… 100
46 Was he [Were you] ～？の答え方 …… 102
47 I was [You were] not ～.（be動詞過去形の否定文） …… 104
48 過去進行形 …… 106
49 Were you ～ing?（過去進行形の疑問文） …… 108
50 Were you ～ing? の答え方 …… 110
51 I was not ～ing.（過去進行形の否定文） …… 112
確認テスト 4 …… 114
52 疑問詞what ① …… 116
53 疑問詞what ② …… 118
54 What time ～？ …… 120
55 疑問詞who ① …… 122
56 疑問詞who ② …… 124
57 疑問詞whose …… 126
58 How many ～？ …… 128
59 How much ～？ …… 130
60 疑問詞how，How old ～？など …… 132
61 疑問詞where …… 134
62 疑問詞when …… 136
63 疑問詞why …… 138
64 疑問詞を使った疑問文の答え方 …… 140
確認テスト 5 …… 142

セクション 1

学習日 月 日 制限時間 30 分 答え→別冊 p.3 /100点

I am ～. と You are ～.

I am ～. は「私は～です」, You are ～. は「あなたは～です」という意味です。I「私は」や You「あなたは」を**主語**といいます。am や are は **be 動詞**といって,「**～です, ～だ**」という意味を表します。主語が I のときと You のときとでは, be 動詞の形が違う(ちが)ことを学習しましょう。

I	am	a	student.	(私は学生です)
主語	be 動詞	a	名詞	
You	are		tall.	(あなたは背が高いです)
主語	be 動詞		形容詞	

□ の部分には名詞(ものの名前)または形容詞が入ります。名詞の前には「1 人の, 1 つの」の意味を表す a や an を置きます。

I am は I'm, You are は You're と短縮した形で用いられることもあります。

Q1 次の文の(　　)内の正しいほうを選び, ○で囲みなさい。 (4点×5=20点)

□ (1) 私は先生です。
I (am / are) a teacher.

□ (2) 私は学生です。
I (am / are) a student.

□ (3) あなたは歌手です。
You (am / are) a singer.

□ (4) 私は若いです。
I (am / are) young.

□ (5) あなたはかわいいです。
You (am / are) cute.

cute「かわいい」

Q2 次の日本文に合うように, (　　)内の語を並べかえなさい。 (6点×5=30点)

□ (1) 私は医者です。(am / a / doctor / I).

______________________________.

□ (2) あなたは獣医(じゅうい)です。(a / vet / are / you).　　vet「獣医」

＿＿＿＿＿＿＿＿＿＿＿＿＿＿＿＿＿＿＿＿.

□ (3) 私は忙(いそが)しいです。(busy / I / am).

＿＿＿＿＿＿＿＿＿＿＿＿＿＿＿＿＿＿＿＿.

□ (4) 私は元気です。(I / fine / am).

＿＿＿＿＿＿＿＿＿＿＿＿＿＿＿＿＿＿＿＿.

□ (5) あなたは有名です。(famous / are / you).

＿＿＿＿＿＿＿＿＿＿＿＿＿＿＿＿＿＿＿＿.

Q3 次の日本文を英語に直しなさい。（10点×5=50点）

□ (1) 私は歌手です。

＿＿＿＿＿＿＿＿＿＿＿＿＿＿＿＿＿＿＿＿

□ (2) あなたは先生です。

＿＿＿＿＿＿＿＿＿＿＿＿＿＿＿＿＿＿＿＿

□ (3) 私は獣医です。

＿＿＿＿＿＿＿＿＿＿＿＿＿＿＿＿＿＿＿＿

□ (4) あなたは忙しいです。

＿＿＿＿＿＿＿＿＿＿＿＿＿＿＿＿＿＿＿＿

□ (5) あなたは若いです。

＿＿＿＿＿＿＿＿＿＿＿＿＿＿＿＿＿＿＿＿

ポイント 〈be動詞＋a[an]＋名詞〉と〈be動詞＋形容詞〉

a や an は1人，1個，1本，1冊のように数えられる名詞の前につきます。一方，tall(背が高い)や young(若い)は形容詞なので，単独で使う場合は前に a[an] はつきません。また，後ろに置かれる名詞が母音(ぼいん)(a，e，i，o，u)で始まるときは，前に an をつけます。

I	am	a	singer.	(私は歌手です)
主語	be動詞	a	名詞	
I	am	an	engineer.	(私はエンジニアです)
主語	be動詞	an	名詞	

セクション 2

学習日 ◯月 ◯日　制限時間 30 分　答え→別冊 p.3　/100点

He is～. と She is～.

He is ～ . は「彼は～です」, **She is** ～ . は「彼女は～です」という意味です。am や are と同じように, **is** も **be 動詞**です。主語が He や She のほか, my uncle（私のおじ）, Jane（ジェーン）などのときにも，be 動詞に is を用います。

He is my uncle.（彼は私のおじです）

Jane is a student.（ジェーンは学生です）

He is は He's，She is は She's と短縮した形で用いられることもあります。

Q1 次の文の(　　)内の正しいほうを選び，◯で囲みなさい。　(4点×5=20点)

□ (1) 彼はエンジニアです。
He (am / is) an engineer.

□ (2) 彼は作家です。
He (are / is) a writer.

□ (3) 彼女は看護師です。
She (am / is) a nurse.

□ (4) ボブは親切です。
Bob (is / am) kind.

□ (5) 私の姉は背が高いです。
My sister (are / is) tall.

Q2 次の日本文に合うように，(　　)内の語句を並べかえなさい。　(6点×5=30点)

□ (1) 彼はコックです。(a / he / is / cook).

____.

□ (2) 彼女はミュージシャンです。(she / musician / is / a).

____.

□ (3) 彼はかっこいいです。(cool / he / is).

____.

□ (4) 私の父は健康です。(healthy / father / is / my).　　healthy「健康な」

____.

□ (5) そのネコはかわいいです。(is / the cat / pretty).

____.

Q3 次の日本文を英語に直しなさい。　（10点×5=50点）

□ (1) 彼女は作家です。

____

□ (2) 私の兄（brother）はミュージシャンです。

____

□ (3) 彼女は親切です。

____

□ (4) トム（Tom）は健康です。

____

□ (5) ジェーン（Jane）は背が高いです。

____

ポイント be動詞の種類

「～です，～だ」の意味を表すbe動詞は，am / are / is の3種類です。主語によって使いわけます。

I	am
You	are
He，She，人名，The dog など	is

学習日 ◯月 ◯日　制限時間 30 分　答え→別冊 p.3　／100点

We are ～. と They are ～.

We are ～. は「私たちは～です」, **They are** ～. は「彼ら[彼女ら]は～です，それらは～です」という意味です。「私たち」や「彼ら・彼女ら・それら」のように2人，2つ以上のことを**複数**といいます。それに対して,「私」や「彼」「彼女」「それ」のように1人，1つのことを**単数**といいます。We や They のように複数を表す語が主語のとき，**be 動詞は are** を用います。are の後ろが名詞のときは，下の friends や players のように [名詞] s という形にします。この [名詞] s を複数形と呼びます。

We　are　**friends.**（私たちは友だちです）

They　are　**basketball players.**（彼ら［彼女ら］はバスケットボールの選手です）

We are は We're，They are は They're と短縮した形で用いられることもあります。

Q1 次の文の(　　)内の正しいほうを選び，◯で囲みなさい。（4点×5=20点）

□ (1) 私たちは兄弟です。
We (are / is) brothers.

□ (2) 彼らは医者です。
They (are / am) doctors.

□ (3) 私たちはデザイナーです。
We (am / are) designers.　　designer「デザイナー」

□ (4) 私たちは幸せです。
We (are / am) happy.

□ (5) 彼らは親切です。
They (am / are) kind.

Q2 次の日本文に合うように，(　　)内の語を並べかえなさい。（6点×5=30点）

□ (1) 私たちは学生です。(we / students / are).

______________________________.

□ (2) 彼らは科学者です。(are / scientists / they).

____.

□ (3) 私たちは先生です。(teachers / we / are).

____.

□ (4) 私たちは悲しいです。(are / we / sad).

____.

□ (5) 彼女らは忙(いそが)しいです。(busy / they / are).

____.

Q3 次の日本文を英語に直しなさい。 （10点×5=50点）

□ (1) 私たちは医者です。

____

□ (2) 彼らは学生です。

____

□ (3) 彼らはデザイナーです。

____

□ (4) 彼らは幸せです。

____

□ (5) 私たちは親切です。

____

ポイント 単数と複数

単数

複数

学習日 ◯月 ◯日 制限時間 30分 答え→別冊 p.3 ／100点

This is ～. と That is ～.

This is ～. は「これは～です」, **That is** ～. は「あれ[それ]は～です」という意味です。this は，話している人の近くにあるものや人を指します。また，that は this に比べて，離(はな)れたところにあるものや人を指します。this や that が主語のとき，**be 動詞は is** を用います。

This is **an apple.**（これはリンゴです）

That is **a bus.**（あれ[それ]はバスです）

That is は That's と短縮した形で用いられることもあります。This is には短縮形はありません。

Q1 次の文の(　)内の正しいほうを選び，◯で囲みなさい。（4点×5=20点）

□ (1) これは本です。
This (is / are) a book.

□ (2) あれは机です。
That (is / are) a desk.

□ (3) これはニンジンです。
(This / That) is a carrot.　　carrot「ニンジン」

□ (4) こちらはエイミーです。
This (is / are) Amy.

□ (5) あちらはトムです。
(This / That) is Tom.

Q2 次の日本文に合うように，(　)内の語を並べかえなさい。（6点×5=30点）

□ (1) これはいすです。(is / a / chair / this).

______________________________.

□ (2) あれはコンピューターです。(a / computer / is / that).

____.

□ (3) これは CD です。(a / CD / this / is).

____.

□ (4) こちらはボブです。(this / Bob / is).

____.

□ (5) あちらはキャシーです。(Cathy / is / that).

____.

Q3 次の日本文を英語に直しなさい。 (10点×5=50点)

□ (1) これはニンジンです。

____

□ (2) あれはクッキー（cookie）です。

____

□ (3) これはコンピューターです。

____

□ (4) こちらはキャシー（Cathy）です。

____

□ (5) あちらはカルロス（Carlos）です。

____

ポイント this と that の使いわけ

近くのもの

This is an apple.

離れているもの

That is a car.

学習日（　）月（　）日　制限時間 30 分　答え→別冊 p.4　/100点

This＋名詞＋is～.と That＋名詞＋is～.

this や that は「これは」や「あれ[それ]は」以外にも，名詞の前に置いて**「この」**や**「あの[その]」**という意味になり，this pen「このペン」や that boy「あの少年」のようにセットで主語を作ることができます。

This pen（主語） **is**（is） **new.**（このペンは新しいです）

That boy（主語） **is**（is） **my brother.**（あの[その]少年は私の弟です）

Q1 次の文の(　　)内の正しいほうを選び，〇で囲みなさい。（4点×5=20点）

□ (1) この本は難しいです。
This book (is / are) difficult.

□ (2) あのネコはかわいいです。
That cat (am / is) pretty.

□ (3) この少年は親切です。
This boy (is / are) kind.

□ (4) この箱は大きいです。
This box (is / are) big.

□ (5) あのペンは役に立ちます。
That pen (am / is) useful.

Q2 次の日本文に合うように，(　　)内の語を並べかえなさい。（6点×5=30点）

□ (1) この試合はわくわくします。
(is / game / this / exciting).　　exciting「わくわくさせる」

____.

□ (2) あの花は美しいです。
(beautiful / flower / is / that).

____.

□ (3) このDVDはおもしろいです。
(DVD / this / is / interesting).

______________________________.

□ (4) こちらの少年はデイビッドです。
(boy / this / David / is).

______________________________.

□ (5) あちらの少女はエマです。
(girl / Emma / is / that).

______________________________.

Q3 次の日本文を英語に直しなさい。 (10点×5=50点)

□ (1) この人形（doll）はかわいいです。

____

□ (2) あの本はおもしろいです。

____

□ (3) このペンは役に立ちます。

____

□ (4) この花は美しいです。

____

□ (5) あの車（car）は大きいです。

____

ポイント (×) a [an] + this [that] + 名詞

a [an] と this [that] を並べて使うことはできないので，注意しましょう。どちらか一方だけを使います。

(×) *a that* boy
(×) *that a* boy
} (○) a boy　(○) that boy

学習日 月 日 制限時間 30 分 答え→別冊 p.4 /100点

These are ～. と Those are ～.

these「これらは」は this の複数形で，those「あれら[それら]は」は that の複数形です。「これらは～です」は **These are ～ .**，「あれら[それら]は～です」は **Those are ～ .** となります。**be 動詞は are** を用います。
「～」の部分に名詞を続けるときは，１つや１人を表す a[an] を使わず，名詞に s をつけて複数形にします。英語は，名詞が単数なのか複数なのかをはっきり示す言語です。

These are **my bags.**（これらは私のかばんです）
複数形
Those are **dogs.**（あれら［それら］は犬です）

Q 1 次の文の(　　)内の正しいほうを選び，○で囲みなさい。 （4点×5=20点）

□ (1) これらは本です。
These (is / are) books.

□ (2) あれらは飛行機です。
(These / Those) are planes.

□ (3) これらはネコです。
(These / Those) are cats.

□ (4) こちらの方々は先生です。
These (are / is) teachers.

□ (5) あちらの方々は役人です。
Those (are / am) officials.

official「役人」

Q2 次の日本文に合うように，(　　)内の語を並べかえなさい。 (6点×5=30点)

□ (1) これらはいすです。
(are / chairs / these).

______________________.

□ (2) あれらはコンピューターです。
(are / computers / those).

______________________.

□ (3) これらはCDです。
(CDs / these / are).

______________________.

□ (4) こちらの方々は弁護士(べんごし)です。
(these / lawyers / are).　　lawyer「弁護士」

______________________.

□ (5) あちらの方々は英語の先生です。
(teachers / are / English / those).

______________________.

Q3 次の日本文を英語に直しなさい。 (10点×5=50点)

□ (1) これらは机です。

____

□ (2) あれらはCDです。

____

□ (3) これらはコンピューターです。

____

□ (4) あちらの方々は弁護士です。

____

□ (5) こちらの方々は英語の先生です。

____

学習日 月 日　制限時間 30 分　答え→別冊 p.4　/100点

These＋名詞＋are ～. と Those＋名詞＋are ～.

this や that と同じで，these や those も名詞の前に置いて「これらの～」「あれらの～」という意味になり，these tables「これらのテーブル」や those girls「あれらの女の子」のように，セットで主語を作ることができます。

These tables are new.（これらのテーブルは新しいです）
these　名詞の複数形　are

Those girls are my friends.（あちら[そちら]の女の子たちは私の友だちです）
those　名詞の複数形　are

these や those は複数を表す単語なので，後ろの名詞は複数形にします。**複数形が主語になるので，be 動詞は are** を使います。

Q1 次の文の(　　)内の正しいほうを選び，○で囲みなさい。 (4点×5=20点)

□ (1) これらのウサギはかわいいです。
These rabbits (is / are) pretty.

□ (2) あれらの机は大きいです。
(These / Those) desks are big.

□ (3) これらのペンは役に立ちます。
(These / Those) pens are useful.

□ (4) こちらの先生たちは親切です。
These teachers (is / are) kind.

□ (5) あれらの歌は美しいです。
Those songs (are / am) beautiful.

Q2 次の日本文に合うように，(　　)内の語を並べかえなさい。 (6点×5=30点)

□ (1) これらのいすは小さいです。
(are / chairs / these / small).

____.

□ (2) あれらのコンピューターは高価です。
(expensive / are / those / computers). expensive「高価な」

____.

□ (3) これらの映画はおもしろいです。
(movies / these / are / interesting).

____.

□ (4) これらの鳥はかわいいです。
(these / pretty / are / birds).

____.

□ (5) あちらの俳優(はいゆう)たちはかっこいいです。
(actors / are / those / cool). actor「俳優」

____.

Q3 次の日本文を英語に直しなさい。 (10点×5=50点)

□ (1) あれらのペンは役に立ちます。

____

□ (2) これらの本はおもしろいです。

____

□ (3) これらの机は小さいです。

____

□ (4) こちらの少年たちはかっこいいです。

____

□ (5) あれらの鳥はかわいいです。

____

学習日 ◯ 月 ◯ 日　制限時間 30 分　答え→別冊 p.4　/ 100点

be 動詞の疑問文

「～〔主語〕は…ですか」と相手にたずねる文を**「疑問文」**といいます。それに対して，これまで学習した「～〔主語〕は…です」という文を**「肯定文」**といいます。
be動詞の文を疑問文にするときは，**be動詞を主語の前に置きます**。また，文末にはピリオドの代わりに，疑問文であることを示す“？”（クエスチョンマーク）を置きます。

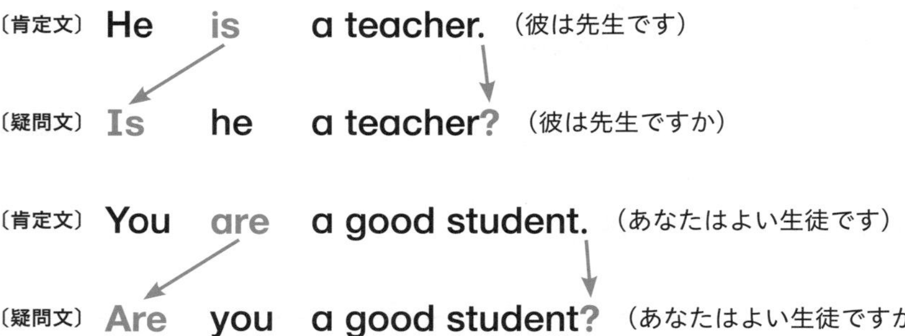

1 次の文の(　　)内の正しいほうを選び，◯で囲みなさい。 (4点×5=20点)

□ (1) 彼は医者ですか。
(Are / Is) he a doctor?

□ (2) 彼女は悲しんでいますか。
(Is / Am) she sad?

□ (3) これらは馬ですか。
(Are / Is) these horses?

□ (4) あなたは幸せですか。
(Am / Are) you happy?

□ (5) あちらの男性は有名ですか。
(Is / Am) that man famous?

Q2 次の日本文に合うように，(　　)内の語を並べかえなさい。 (6点×5=30点)

□ (1) 彼は大工ですか。
(a / he / is / carpenter)? carpenter「大工」

____?

□ (2) あれはコンピューターですか。
(a / computer / is / that)?

____?

□ (3) あなたは歌手ですか。
(a / are / singer / you)?

____?

□ (4) 彼は元気ですか。
(fine / is / he)?

____?

□ (5) これらの本はおもしろいですか。
(books / these / are / interesting)?

____?

Q3 次の日本文を英語に直しなさい。 (10点×5=50点)

□ (1) 彼は悲しんでいますか。

____

□ (2) あなたは元気ですか。

____

□ (3) 彼らは大工ですか。

____

□ (4) この男性は忙(いそが)しい（busy）ですか。

____

□ (5) あれらの本はおもしろいですか。

____

学習日 ◯ 月 ◯ 日　制限時間 30 分　答え→別冊 p.5　/100点

be 動詞の疑問文の答え方

「〜〔主語〕は…ですか」に対して，「はい，そうです」と答えるときは〈**Yes, 主語 + be 動詞 .**〉，「いいえ，そうではありません」と答えるときは，〈**No, 主語 + be 動詞 + not.**〉となります。be 動詞で質問されたら，be 動詞で答えます。

Are you a student?（あなたは学生ですか）

— **Yes, I am.**（はい，そうです）

— **No, I am not [I'm not].**（いいえ，そうではありません）

this や that で質問されたら，答えの文では主語に it（それは）を用い，these や those で質問されたら they（それらは）を用います。疑問文で「あちらの男性」「あの女性」や「ケン」「メアリー」などが主語ならば，答えの文ではそれをくり返さず，男性ならば he，女性ならば she に変えます。短縮形は are not は aren't，is not は isn't となります。ただし，I am not は I'm not となります。

Q 1 次の文の（　）内の正しいほうを選び，◯で囲みなさい。 （4点×5=20点）

□ (1) 彼は先生ですか。— はい，そうです。
Is he a teacher? — Yes, he (am / is).

□ (2) 彼女は悲しんでいますか。— いいえ，そうではありません。
Is she sad? — No, she (is / is not).

□ (3) これらは犬ですか。— はい，そうです。
Are these dogs? — Yes, (they are / it is).

□ (4) あなたは幸せですか。— いいえ，そうではありません。
Are you happy? — No, (I am / I'm not).

□ (5) あれは駅ですか。— はい，そうです。
Is that a station? — Yes, (it is / this is).

Q2 次の日本文に合うように，(　　)内の語を並べかえなさい。 (6点×5=30点)

□ (1) あの男性はコックですか。— はい，そうです。
Is that man a cook? — (he / is / yes / ,).

______________________________.

□ (2) あれは病院ですか。— いいえ，そうではありません。
Is that a hospital? — (no / is / it / not / ,).

______________________________.

□ (3) あなたは先生ですか。— はい，そうです。
Are you a teacher? — (I / , / yes / am).

______________________________.

□ (4) 彼は正直ですか。— いいえ，そうではありません。
Is he honest? — (isn't / he / no / ,). honest「正直な」

______________________________.

□ (5) これらのネコはかわいいですか。— はい，そうです。
Are these cats cute? — (yes / are / they / ,).

______________________________.

Q3 次の日本文の下線部を英語に直しなさい。 (10点×5=50点)

□ (1) あれらは犬ですか。— いいえ，そうではありません。
Are those dogs? — ______________________________

□ (2) あの浜辺(はまべ)は美しいですか。— はい，そうです。
Is that beach beautiful? — ______________________________

□ (3) あなたは幸せですか。— はい，そうです。
Are you happy? — ______________________________

□ (4) あれはコンピューターですか。— はい，そうです。
Is that a computer? — ______________________________

□ (5) 彼らは悲しんでいますか。— いいえ，そうではありません。
Are they sad? — ______________________________

学習日 ◯ 月 ◯ 日　制限時間 30 分　答え→別冊 p.5　/100点

be 動詞の否定文

「～〔主語〕は…ではありません」と否定する文を「**否定文**(ひていぶん)」といいます。be 動詞の am / are / is を用いた文を否定文にするときは，否定を表す not を be動詞のあとに置き，**〈be 動詞 + not〉** という語順にします。are not は aren't，is not は isn't という短縮形も使われます。

I	am		a tennis player.	（私はテニスの選手です）
I	am	not [I'm not]	a tennis player.	（私はテニスの選手ではありません）
You	are	not [aren't]	a teacher.	（あなたは先生ではありません）
He	is	not [isn't]	busy.	（彼は忙(いそが)しくありません）
This	is	not [isn't]	a bike.	（これは自転車ではありません）

Q 1 次の文の(　　)内の正しいほうを選び，◯で囲みなさい。　（4点×5=20点）

□ (1) 私は先生ではありません。
I (am not / are not) a teacher.

□ (2) これはトランペットではありません。
This (is not / are not) a trumpet.

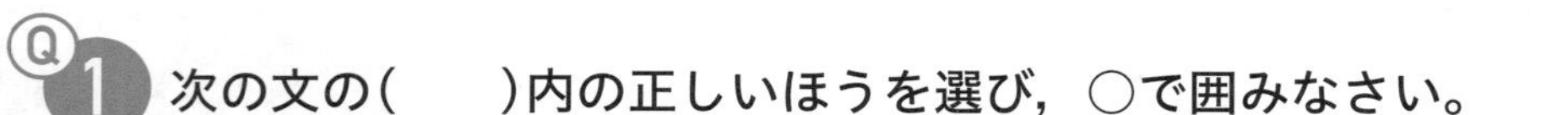

□ (3) 私たちはパイロットではありません。
We (is not / are not) pilots.

□ (4) 彼女は背が高くありません。
She (am not / is not) tall.

□ (5) あれらのリンゴは甘(あま)くありません。
Those apples (isn't / aren't) sweet.

Q2 次の日本文に合うように，(　　)内の語を並べかえなさい。 (6点×5=30点)

□ (1) 彼は医者ではありません。
(is / a / doctor / he / not).

______________________________.

□ (2) 私は看護師ではありません。
(a / nurse / am / not / I).

______________________________.

□ (3) あれは博物館ではありません。
(is / a / not / that / museum).

______________________________.

□ (4) サムは忙しくありません。
(Sam / busy / isn't).

______________________________.

□ (5) これらの問題は簡単ではありません。
(These / aren't / easy / problems).　　problem「問題」

______________________________.

Q3 次の日本文を英語に直しなさい。 (10点×5=50点)

□ (1) ジョージ（George）は医者ではありません。

____

□ (2) あれはペンではありません。

____

□ (3) 彼女は看護師ではありません。

____

□ (4) 私は忙しくありません。

____

□ (5) あれらの問題は簡単ではありません。

____

確認テスト 1

学習日　月　日

答え → 別冊 p.5

制限時間 45 分
/100点

出題範囲 セクション1～10

1 次の(　　)内に入る語句を選び，番号で答えなさい。 (4点×5=20点)

□ (1) 私はマイクです。　I (　　　　　) Mike.
① am　② are　③ is

□ (2) これは犬です。　This (　　　　　) a dog.
① am　② is　③ are

□ (3) あなたはおなかがすいていますか。　(　　　　　) hungry?
① Are you　② You are　③ Am I

□ (4) こちらの生徒たちは中学生です。
(　　　　　) junior high school students.
① These students are　② These are students
③ Those students are

□ (5) あれは自転車ではありません。
That (　　　　　) a bike.
① am not　② are not　③ is not

2 次の文を，(　　)内の指示に従って書きかえなさい。 (4点×5=20点)

□ (1) I am a teacher. (短縮形を用いて)

____

□ (2) He is a musician. (否定文に)

____

□ (3) These bags are large. (否定文に)

____

□ (4) That man is Mr. Smith. (疑問文にして，yes で答える)

______________________ — ______________

□ (5) Those are high schools. (否定文に)

____

3 各組の２文がほぼ同じ意味になるように，(　　)内に適当な１語を入れなさい。

(4点×3=12点)

□ (1) That man is young. / That is (　　　　) (　　　　) man.

□ (2) Those shoes are red. / Those (　　　　) red shoes.

□ (3) These are very useful pencils. / These (　　　　) are very (　　　　).

4 次の日本文に合うように，(　　)内の語を並べかえなさい。

(6点×4=24点)

□ (1) あれはライオンですか。— はい，そうです。

(a / lion / is / that)? — (it / is / , / yes).

____________________? — ____________________.

□ (2) これらの車は高価ですか。— いいえ，そうではありません。

(cars / expensive / are / these)? — (they / no / aren't / ,).

____________________? — ____________________.

□ (3) 私は学生ではありません。

(not / I'm / student / a).

____.

□ (4) あなたはホワイトさんですか。— はい，そうです。

(you / are / White / Mr.)? — (yes / , / am / I).

____________________? — ____________________.

5 次の日本文を英語に直しなさい。

(6点×4=24点)

□ (1) あなたは医者ですか。— いいえ，そうではありません。

____________________ — ____________________

□ (2) あの山は美しいです。

____

□ (3) これらの机はとても大きいです。

____

□ (4) あれらはコンピューターです。

____

学習日 ◯月◯日　制限時間 30 分　答え→別冊 p.6　/ 100点

I like ～. と You like ～.

be 動詞に対して，「話す」「食べる」「走る」など「～する」という意味を表す動詞のことを**一般動詞**（いっぱんどうし）と呼びます。

ここでは，一般動詞の中でとても重要な動詞である like「～が好きだ，～を好む」を使って練習しましょう。

I　like　apples.　（私はリンゴが好きです）

You　like　sports.　（あなたはスポーツが好きです）

なお，一般動詞はそのままの形で be 動詞と並べて使うことはできません。

（×）　I *am play* in the park.

Q1 次の文の(　　)内の正しいほうを選び，◯で囲みなさい。　（4点×5=20点）

□ (1) 私はサッカーが好きです。
I (am / like) soccer.

□ (2) 私は英語が好きです。
I (like / am) English.

□ (3) あなたはトムが好きです。
You (like / are) Tom.

□ (4) 私はこの音楽が好きです。
I (am like / like / is) this music.

□ (5) あなたは数学が好きです。
You (are / like / are like) math.

Q2 次の日本文に合うように，(　　)内の語を並べかえなさい。 (6点×5=30点)

□ (1) 私はバスケットボールが好きです。
(like / basketball / I).

____.

□ (2) 私はメアリーが好きです。
(Mary / I / like).

____.

□ (3) あなたは大阪が好きです。
(Osaka / you / like).

____.

□ (4) 私は音楽が好きです。
(like / music / I).

____.

□ (5) あなたは果物が好きです。
(you / fruits / like).

____.

Q3 次の日本文を英語に直しなさい。 (10点×5=50点)

□ (1) 私は東京が好きです。

____

□ (2) 私はテニスが好きです。

____

□ (3) あなたは野球が好きです。

____

□ (4) 私はトム（Tom）が好きです。

____

□ (5) あなたはジョン（John）が好きです。

____

学習日 ◯月 ◯日　制限時間 30 分　答え→別冊 p.6　/100点

I play ~. と You play ~.

be 動詞は am / are / is の 3 種類ですが，一般動詞はとてもたくさんあります。ここでは like と同じくらい重要な **play** を学習します。play は「遊ぶ，(スポーツ) をする，(楽器) を演奏する」など，いろいろな意味をもつ動詞です。どの意味になるかは play の後ろにくる語句から判断しましょう。

I play after school. (私は放課後に遊びます)

You play baseball. (あなたは野球をします)

You play the piano every day. (あなたは毎日ピアノを弾きます)

Q1 次の文の(　　)内の正しいほうを選び，◯で囲みなさい。 (4点×5=20点)

□ (1) 私はテニスをします。
I (play / like) tennis.

□ (2) 私はピアノを弾きます。
I (am / play) the piano.

□ (3) あなたはギターを弾きます。
You (play / are) the guitar.

□ (4) 私はバイオリンを弾きます。
I (play / am play) the violin.

□ (5) あなたはバスケットボールをします。
You (are play / play) basketball.

Q2 次の日本文に合うように，(　　)内の語を並べかえなさい。 (6点×5=30点)

□ (1) 私はラグビーをします。
(rugby / I / play).

______________________________.

□ (2) 私はフルートを演奏します。(I / the / flute / play).

____.

□ (3) あなたはバイオリンを弾きます。(play / the / you / violin).

____.

□ (4) 私は野球をします。(I / baseball / play).

____.

□ (5) あなたはバレーボールをします。(you / volleyball / play).

____.

Q3 次の日本文を英語に直しなさい。

(10点×5=50点)

□ (1) 私はギターを弾きます。

____

□ (2) あなたはフルートを演奏します。

____

□ (3) あなたは野球をします。

____

□ (4) 私はバスケットボールをします。

____

□ (5) あなたはテニスをします。

____

ポイント play the + 楽器

play the piano「ピアノを弾く」のように play のあとに「楽器」を続けるときには，楽器の前に the を置きます。the のことを定冠詞(ていかんし)といいます。

一方，テニスや野球などの「スポーツをする」の場合は，play tennis[baseball] と the がつきません。

セクション 13

学習日 ◯月 ◯日　制限時間 30 分　答え→別冊 p.6　/ 100点

I [You] を用いた一般動詞

like や play 以外のさまざまな一般動詞を学習しましょう。意味を確認しながら 1 つずつ覚えましょう。

have「～を持っている」
know「～を知っている」
speak「～を話す」
study「～を勉強する」
watch「～を見る」
go「行く」
come「来る」
make「～を作る」　など

Q1 次の文の(　　)内の正しいほうを選び，◯で囲みなさい。　(4点×5=20点)

□ (1) 私はメアリーを知っています。
I (know / like) Mary.

□ (2) 私はペンを持っています。
I (like / have) a pen.

□ (3) あなたはフランス語を話します。
You (speak / like) French.　French「フランス語」

□ (4) 私は英語を勉強します。
I (play / study) English.

□ (5) あなたはテレビを見ます。
You (like / play / watch) TV.

Q2 次の日本文に合うように，(　　)内の語句を並べかえなさい。　(6点×5=30点)

□ (1) 私はノートを持っています。(a notebook / I / have).

____.

□ (2) 私は韓国語(かんこくご)を勉強します。(Korean / study / I).　Korean「韓国語」

____.

□ (3) あなたはトムを知っています。(know / you / Tom).

______________________________.

□ (4) 私はこの試合を見ます。(game / watch / I / this).

______________________________.

□ (5) あなたはスペイン語を話します。(Spanish / you / speak).　Spanish「スペイン語」

______________________________.

Q3 次の日本文を英語に直しなさい。（10点×5=50点）

□ (1) 私はフランス語を勉強します。

____

□ (2) あなたはノートを持っています。

____

□ (3) あなたはあの試合を見ます。

____

□ (4) 私はスペイン語を話します。

____

□ (5) あなたはメアリー（Mary）を知っています。

____

ポイント「～を」を表す語 … 目的語

「私は 英語を 勉強します」や「あなたは ノートを 持っています」のように「～を」の意味を表す語を目的語といいます。

目的語には，English や notebook のように「もの」を表す語句のほかに，Mary や brother のように「人」を表す語句も使います。

I know **Mary**.（私はメアリーを知っています）
目的語

学習日 ◯ 月 ◯ 日　制限時間 30 分　答え→別冊 p.6　/100点

Do you play ~ ?（疑問文）

一般動詞を使って「～しますか」とたずねるときは，一般動詞の前に Do を置き〈**Do + 主語 + 一般動詞 ～ ?**〉の語順にします。主語と一般動詞の語順はそのままです。be 動詞の場合と同じように，文末には“**?**”（クエスチョンマーク）を置くことを忘れないようにしましょう。

You speak English.（あなたは英語を話します）

↓

Do you speak English?（あなたは英語を話しますか）

Q1 次の文の（　）内の正しいほうを選び，◯で囲みなさい。（4点×5=20点）

□ (1) あなたは野球をしますか。
(Are / Do) you play baseball?

□ (2) あなたは数学を勉強しますか。
(Do / Are) you study math?

□ (3) あなたはトムを知っていますか。
(Are / Do) you know Tom?

□ (4) あなたはバレーボールが好きですか。
(Do / Are) you like volleyball?

□ (5) あなたは中国語を話しますか。
(Are / Do) you speak Chinese?　　Chinese「中国語」

Q2 次の日本文に合うように，（　）内の語を並べかえなさい。（6点×5=30点）

□ (1) あなたは日本語を話しますか。
(speak / you / do / Japanese)?

____?

☐ (2) あなたはピアノを弾(ひ)きますか。(do / play / you / piano / the)?

____?

☐ (3) あなたは英語を勉強しますか。(study / do / you / English)?

____?

☐ (4) あなたは音楽が好きですか。(like / do / music / you)?

____?

☐ (5) あなたはボブを知っていますか。(you / know / Bob / do)?

____?

Q3 次の日本文を英語に直しなさい。

（10点×5=50点）

☐ (1) あなたは中国語を勉強しますか。

____

☐ (2) あなたは英語を話しますか。

____

☐ (3) あなたはジョー（Joe）を知っていますか。

____

☐ (4) あなたはボブ（Bob）が好きですか。

____

☐ (5) あなたはバレーボールをしますか。

____

ポイント 一般動詞の疑問文とbe動詞の疑問文

一般動詞の疑問文では，be動詞の疑問文と文の形を混同しないように注意しましょう。

〔一般動詞の疑問文〕 Doを主語の前に置いて，一般動詞はそのままの位置。

Do you **study** math? （あなたは数学を勉強しますか）

〔be動詞の疑問文〕 am / are / isを主語の前に置く。

Are you a student? （あなたは学生ですか）

学習日（　）月（　）日　制限時間 30 分　答え→別冊 p.7　/100点

Do you play ～? の答え方

主語が you の一般動詞の疑問文「あなたは～しますか」の答え方を学習しましょう。この疑問文に対して，「はい，(私は) ～します」と答えるときは〈**Yes, I do.**〉,「いいえ，(私は) ～しません」と答えるときは〈**No, I do not.**〉といいます。do not は**短縮形 don't** を用いることが多いです。

Do you speak English? (あなたは英語を話しますか)

— **Yes, I do.** (はい，話します)

— **No, I do not [don't].** (いいえ，話しません)

Q1 次の文の（　）内の正しいほうを選び，○で囲みなさい。 (4点×5=20点)

□ (1) あなたはケーキを作りますか。— はい，作ります。
Do you make cakes? — Yes, I (am / do).

□ (2) あなたはジムを手伝いますか。— はい，手伝います。
Do you help Jim? — Yes, I (do / am).

□ (3) あなたはメアリーが好きですか。— いいえ，好きではありません。
Do you like Mary? — No, I (do not / am not).

□ (4) あなたは自転車を持っていますか。— はい，持っています。
Do you have a bike? — Yes, I (do / am).

□ (5) あなたはテレビを見ますか。— いいえ，見ません。
Do you watch TV? — No, I (am not / don't).

Q2 次の日本文に合うように，（　）内の語を並べかえなさい。 (6点×5=30点)

□ (1) あなたはペンを持っていますか。— いいえ，持っていません。
Do you have a pen? — (not / , / do / I / no).

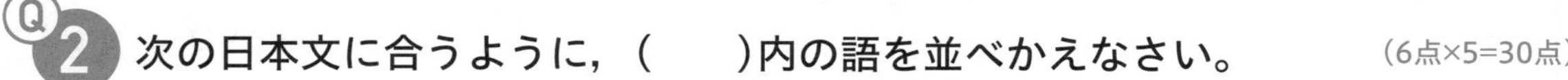

☐ (2) あなたはカメラを使いますか。— はい，使います。
Do you use a camera? — (yes / do / I / ,).

____.

☐ (3) あなたはトムを手伝いますか。— いいえ，手伝いません。
Do you help Tom? — (don’t / I / , / no).

____.

☐ (4) あなたは人形を作りますか。— はい，作ります。
Do you make dolls? — (I / yes / do / ,).

____.

☐ (5) あなたはケイトが好きですか。— いいえ，好きではありません。
Do you like Kate? — (, / don’t / no / I).

____.

Q3 次の日本文の下線部を英語に直しなさい。 (10点×5=50点)

☐ (1) あなたはケーキを食べますか。— はい，食べます。

Do you eat cakes? — ______________________________

☐ (2) あなたは人形を持っていますか。— いいえ，持っていません。

Do you have a doll? — ______________________________

☐ (3) あなたはドラマを見ますか。— はい，見ます。

Do you watch dramas? — ______________________________

☐ (4) あなたはジョンを手伝いますか。— いいえ，手伝いません。

Do you help John? — ______________________________

☐ (5) あなたはトムが好きですか。— いいえ，好きではありません。

Do you like Tom? — ______________________________

セクション 16

学習日 ◯月 ◯日　制限時間 30 分　答え→別冊 p.7　/100点

I [You] don't play ～. (否定文)

一般動詞の否定文「～しません」は, 一般動詞の前に do not を置いて〈**do not ＋一般動詞**〉の語順にします。do not は短縮形の don't を用いることもあります。

I		**know that boy.**	(私はあの少年を知っています)
I	**do not**	**know that boy.**	(私はあの少年を知りません)
You		**play soccer.**	(あなたはサッカーをします)
You	**don't**	**play soccer.**	(あなたはサッカーをしません)

Q1 次の文の(　　)内の正しいほうを選び, ◯で囲みなさい。 (4点×5=20点)

□ (1) 私はサッカーが好きではありません。
I (do not like / do not play) soccer.

□ (2) 私は英語を話しません。
I (not do speak / do not speak) English.

□ (3) あなたはコンピューターを使いません。
You (do not use / not use) a computer.

□ (4) 私はジムを知りません。
I (don't know / know don't) Jim.

□ (5) あなたは中国語を勉強しません。
You (study not / don't study) Chinese.

Q2 次の日本文に合うように, (　　)内の語を並べかえなさい。 (6点×5=30点)

□ (1) 私は韓国語(かんこくご)を勉強しません。(study / I / do / Korean / not).

____.

□ (2) 私はケイトを知りません。(do / Kate / I / not / know).

____.

☐ (3) あなたはフランス語を話しません。
(don't / speak / you / French).

____.

☐ (4) 私は野球が好きではありません。
(like / don't / baseball / I).

____.

☐ (5) あなたはバイオリンを演奏しません。
(violin / you / play / the / don't).

____.

Q3 次の日本文を英語に直しなさい。 （10点×5=50点）

☐ (1) 私はサッカーをしません。

____

☐ (2) あなたは韓国語を話しません。

____

☐ (3) 私は英語を勉強しません。

____

☐ (4) あなたはケイト（Kate）を知りません。

____

☐ (5) あなたは野球が好きではありません。

____

ポイント 一般動詞の否定文とbe動詞の否定文

一般動詞の否定文では，be動詞の否定文と文の形を混同しないように注意しましょう。

〔一般動詞の否定文〕 一般動詞の前に do not を置く。

I **do not[don't]** speak Chinese. （私は中国語を話しません）

〔be動詞の否定文〕 am / are / is のあとに not を置く。

I **am not** a student. （私は学生ではありません）

セクション 17

学習日 ◯月 ◯日　制限時間 30 分　答え→別冊 p.7　/100点

He likes ～. と She likes ～.

主語が I と You 以外の単数，He，She などが主語になった場合，一般動詞に s をつけるというルールがあります。たとえば，一般動詞の like の場合は s をつけて likes という形にします。

He likes bananas.（彼はバナナが好きです）

She likes music.（彼女は音楽が好きです）

この s のことを英語では「**3人称単数現在の s**」，または短く「**3単現の s**」といいます。ここでは like「～が好きだ，～を好む」を用いて練習しましょう。

Q1 次の文の（　）内の正しいほうを選び，◯で囲みなさい。（4点×5=20点）

□ (1) 彼はサッカーが好きです。
He (like / likes) soccer.

□ (2) 彼は英語が好きです。
He (likes / like) English.

□ (3) 彼女はトムが好きです。
She (like / likes) Tom.

□ (4) 彼は野球が好きです。
He (likes / like) baseball.

□ (5) 彼女は数学が好きです。
She (like / likes) math.

Q2 次の日本文に合うように，（　）内の語を並べかえなさい。（6点×5=30点）

□ (1) 彼はテニスが好きです。(likes / he / tennis).

______________________________.

□ (2) 彼は理科が好きです。(science / he / likes).

______________________________.

□ (3) 彼女はバレーボールが好きです。(she / volleyball / likes).

____.

□ (4) 彼はメアリーが好きです。(Mary / he / likes).

____.

□ (5) 彼女は韓国(かんこく)が好きです。(likes / Korea / she).　　Korea「韓国」

____.

Q3 次の日本文を英語に直しなさい。 (10点×5=50点)

□ (1) 彼は数学が好きです。

____

□ (2) 彼女は英語が好きです。

____

□ (3) 彼はバレーボールが好きです。

____

□ (4) 彼女はテニスが好きです。

____

□ (5) 彼は韓国が好きです。

____

ポイント 1人称・2人称・3人称

英語では，話をしている自分と，その話し相手，そして直接の話し相手でない第3者にわけて考えます。

1人称 … 話している自分 (I) や自分たち (we)

2人称 … 話している相手 (you) や相手の人たち (you)

3人称 … 自分や話し相手以外の人やもの (he, she, 人名, they, it, the dog など)

セクション 18

学習日 ◯月 ◯日　制限時間 30 分　答え→別冊 p.7　/ 100点

He plays ～ . と She plays ～ .

主語によって，一般動詞に s をつけることを学習しました。前のセクションでは主語が he や she の場合を練習しましたが，ここではそれ以外の the dog「その犬」や that boy「あの少年」，Ken「ケン」や Jane「ジェーン」などが主語の文を練習しましょう。**主語が I と You 以外の単数名詞**ならば，すべてがこのルールにあてはまります。

That boy **plays** soccer.（あの少年はサッカーをします）

Ken **plays** the flute.（ケンはフルートを演奏します）

Q1 次の文の(　　)内の正しいほうを選び，◯で囲みなさい。（4点×5=20点）

□ (1) 私の兄はテニスをします。
My brother (play / plays) tennis.

□ (2) その男性はバイオリンを弾(ひ)きます。
The man (plays / play) the violin.

□ (3) その少女はトランペットを演奏します。
The girl (play / plays) the trumpet.

□ (4) こちらの女性はピアノを弾きます。
This woman (plays / play / likes) the piano.

□ (5) ジェーンはバスケットボールをします。
Jane (play / likes / plays) basketball.

Q2 次の日本文に合うように，(　　)内の語句を並べかえなさい。（6点×5=30点）

□ (1) ケンは野球をします。(baseball / Ken / plays).

______________________________.

□ (2) その少年はドラムを演奏します。
(the / drums / plays / the boy).

______________________________.

□ (3) 私の母はギターを弾きます。
(plays / the / my mother / guitar).

____.

□ (4) この生徒はラグビーをします。
(student / rugby / plays / this).

____.

□ (5) ユキはバレーボールをします。
(Yuki / volleyball / plays).

____.

Q3 次の日本文を英語に直しなさい。 (10点×5=50点)

□ (1) ビル（Bill）はギターを弾きます。

____

□ (2) あの少年はバスケットボールをします。

____

□ (3) 私の妹はピアノを弾きます。

____

□ (4) 私の兄はトランペットを演奏します。

____

□ (5) この生徒はテニスをします。

____

ポイント 主語と一般動詞の形

1人称	I [We]	play tennis.
2人称	You	
3人称複数	They	
3人称単数	He [She]	plays tennis.

セクション 19

学習日　月　日　制限時間 30 分　答え→別冊 p.8　/100点

3 人称単数現在の s のつけ方 ①

like, play 以外のさまざまな動詞を用いて，3 人称単数現在（3 単現）の s をつける練習をしましょう。likes や plays と同じように，ふつうは語の終わりに s をつけます。

help → **helps**
love → **loves**
speak → **speaks**
know → **knows**
make → **makes**
write → **writes**

Q1 次の文の（　）内の正しいほうを選び，○で囲みなさい。（4点×5=20点）

□ (1) メアリーはケーキを作ります。
Mary (make / makes) cakes.

□ (2) 彼はジムを手伝います。
He (help / helps) Jim.

□ (3) その女性は手紙を書きます。
The woman (writes / write) a letter.

□ (4) この男性はメアリーを愛しています。
This man (love / loves) Mary.

□ (5) あの少女はトムを知っています。
That girl (know / knows) Tom.

Q2 次の日本文に合うように，(　　)内の語を並べかえなさい。 (6点×5=30点)

□ (1) 彼はメールを書きます。
(e-mail / an / he / writes).

____.

□ (2) この先生はメアリーを知っています。
(teacher / knows / Mary / this).

____.

□ (3) その女性は夕食を作ります。
(woman / makes / dinner / the).

____.

□ (4) 彼はケイトを愛しています。
(he / Kate / loves).

____.

□ (5) この生徒はあの先生を手伝います。
(student / this / teacher / helps / that).

____.

Q3 次の日本文を英語に直しなさい。 (10点×5=50点)

□ (1) この女性は手紙を書きます。

____

□ (2) 彼女は夕食を作ります。

____

□ (3) あの男性はケイト（Kate）を知っています。

____

□ (4) 彼はメアリー（Mary）を手伝います。

____

□ (5) ケイト（Kate）はジム（Jim）を愛しています。

____

学習日 ◯月 ◯日　制限時間 30 分　答え→別冊 p.8　/100点

3人称単数現在の s のつけ方 ②

sh や ch で終わる動詞は，**s ではなく es** をつけます。

wash → washes　　**teach → teaches**

〈子音字（aeiou 以外の文字）＋ y〉で終わる動詞は，**y を i に変えて es** をつけます。

cry → cries　　**study → studies**

Q1 次の文の(　　)内の正しいほうを選び，◯で囲みなさい。 (4点×5=20点)

□ (1) その男性はテレビを見ます。
The man (watchs / watches) TV.

□ (2) 彼はこの自転車を洗います。
He (washs / washes) this bike.

□ (3) その先生は英語を教えます。
The teacher (teaches / teachs) English.

□ (4) 彼は中国語を勉強します。
He (studies / studys) Chinese.

□ (5) メグは中国料理を試(ため)します[食べてみます]。
Meg (trys / tries) Chinese food.

try「試す，食べてみる」

Q2 次の日本文に合うように，(　　)内の語を並べかえなさい。 (6点×5=30点)

□ (1) あの女性は皿を洗います。
(the / dishes / woman / that / washes).

____.

□ (2) 彼はフランス語を勉強します。
(he / French / studies).

____.

□ (3) 彼女は韓国語(かんこくご)を教えます。
(Korean / she / teaches).

____.

□ (4) アンは日本料理を試します[食べてみます]。
(Japanese / tries / Anne / food).

____.

□ (5) 彼女はその試合を見ます。
(the / she / watches / game).

____.

Q3 次の日本文を英語に直しなさい。 (10点×5=50点)

□ (1) あの先生はフランス語を教えます。

____

□ (2) この少年は英語を勉強します。

____

□ (3) 彼女は韓国料理（Korean food）を試します[食べてみます]。

____

□ (4) あの男性はその試合を見ます。

____

□ (5) 私の兄は自転車を洗います。

____

セクション 21

学習日 ( )月 ( )日　制限時間 30 分　答え→別冊 p.8　/ 100点

3人称単数現在の s のつけ方 ③

have「持っている，飼っている」や go「行く」はとても重要な一般動詞ですが，3単現の s のつけ方が特殊（とくしゅ）で，have は **has** に，go は **goes** になります。この2つは，ルールにあてはまらない動詞として覚えておきましょう。

You **have two cats.**（あなたは2匹（ひき）のネコを飼っています）

↓

Ken **has a dog.**（ケンは犬を飼っています）

I **go to church on Sundays.**（私は毎週日曜日に教会に行きます）

↓

My sister goes to church on Sundays.（私の姉は毎週日曜日に教会に行きます）

Q1 次の文の(　　)内の正しいほうを選び，○で囲みなさい。 (4点×5=20点)

□ (1) あの女性はペンを持っています。
That woman (have / has) a pen.

□ (2) 彼は自転車を持っています。
He (has / have) a bike.

□ (3) 彼女は地図を持っています。
She (is / has / have) a map.

□ (4) その少年は学校へ行きます。
The boy (go / goes) to school.

□ (5) この男性は公園へ行きます。
This man (go / goes) to the park.

Q2 次の日本文に合うように，(　　)内の語句を並べかえなさい。 (6点×5=30点)

□ (1) その俳優(はいゆう)は車を持っています。
(the / a car / actor / has).

________________________________.

□ (2) 彼は CD を持っています。
(he / a / CD / has).

________________________________.

□ (3) その俳優は犬を飼っています。
(actor / dog / the / a / has).

________________________________.

□ (4) 彼女は美術館へ行きます。
(she / to / goes / museum / a).

________________________________.

□ (5) その先生は駅へ行きます。
(teacher / goes / the station / to / the).

________________________________.

Q3 次の日本文を英語に直しなさい。 (10点×5=50点)

□ (1) 彼は１枚の地図を持っています。

____

□ (2) その先生は１本のペンを持っています。

____

□ (3) 彼女はその駅へ行きます。

____

□ (4) 彼はその公園へ行きます。

____

□ (5) この女性は１匹(ぴき)のネコを飼っています。

____

学習日 月 日　制限時間 30 分　答え→別冊 p.8　/100点

Does he[she] play ~?（疑問文）

3単現の s を用いた動詞の疑問文は文頭に **Does を置き，動詞を元の形［原形］**に戻します。

He plays tennis every day.（彼は毎日テニスをします）

Does he play tennis every day?（彼は毎日テニスをしますか）

Q1 次の文の（　）内の正しいほうを選び，○で囲みなさい。（4点×5=20点）

□ (1) デイビッドはフットボールが好きですか。
(Does / Do) David like football?

□ (2) 彼女はケーキを作りますか。
(Does / Is) she make cakes?

□ (3) あなたのお兄さんはジムを手伝いますか。
(Do / Does) your brother (help / helps) Jim?

□ (4) その少女はピアノを弾きますか。
(Is / Does) the girl (play / plays) the piano?

□ (5) その男性はテレビを見ますか。
(Do / Is / Does) the man (watch / watches) TV?

Q2 次の日本文に合うように，（　）内の語句を並べかえなさい。（6点×5=30点）

□ (1) あなたのお姉さんは中国語を勉強しますか。
(your sister / does / study / Chinese)?

______________________________?

□ (2) 彼はペンを持っていますか。
(pen / have / a / does / he)?

______________________________?

□ (3) 彼女は手紙を書きますか。
(letters / does / write / she)?

____?

□ (4) あの男性はメアリーを愛していますか。
(that / does / Mary / love / man)?

____?

□ (5) あの女性はボブを知っていますか。
(that / know / does / woman / Bob)?

____?

Q3 次の日本文を英語に直しなさい。 （10点×5=50点）

□ (1) その少女はケーキを作りますか。

____

□ (2) その男性は中国語を勉強しますか。

____

□ (3) 彼女はピアノを弾きますか。

____

□ (4) 彼はジム（Jim）を知っていますか。

____

□ (5) ブラウン氏（Mr. Brown）は車を１台持っていますか。

____

一般動詞の疑問文では，主語によって do と does を使いわける必要があります。主語が your ～ のときには注意しましょう。your のあとに単数の名詞がくれば，その主語は３人称単数なので does を使います。

Does your father play tennis? （あなたのお父さんはテニスをしますか）

Do you play tennis? （あなたはテニスをしますか）

セクション

23

学習日（　）月（　）日　制限時間 30 分　答え→別冊 p.9　/ 100点

Does he[she] play ～？の答え方

主語が I，You 以外の単数で一般動詞の疑問文に対する答え方を学習しましょう。「はい，～します」というときは〈**Yes, 主語 + does.**〉,「いいえ，～しません」というときは〈**No, 主語 + does not.**〉か，短縮形を用いて〈**No, 主語 + doesn't.**〉と答えます。

Does he play the piano?（彼はピアノを弾きますか）

— Yes, he does.（はい，弾きます）

— No, he does not[doesn't].（いいえ，弾きません）

Does Mary play tennis? の Mary のように人名が主語になるときは，答えるときの主語には，男性なら he，女性なら she で答えます。

Q1 次の文の（　　）内の正しいほうを選び，○で囲みなさい。（4点×5=20点）

□ (1) 彼はサッカーが好きですか。— いいえ，好きではありません。
Does he like soccer?　— No, he (does / does not).

□ (2) 彼女はケーキを作りますか。— はい，作ります。
Does she make cakes? — Yes, she (is / does).

□ (3) あの男性はジムを手伝いますか。— いいえ，手伝いません。
Does that man help Jim?　— No, he (does not / does).

□ (4) ホワイト氏はピアノを弾きますか。　— はい，弾きます。
Does Mr. White play the piano? — Yes, he (do / does).

□ (5) この女の子はテレビを見ますか。— いいえ，見ません。
Does this girl watch TV?　— No, she (doesn't / don't).

Q2 次の日本文に合うように，(　　)内の語を並べかえなさい。 (6点×5=30点)

□ (1) 彼女は韓国語(かんこくご)を勉強しますか。— いいえ，しません。
Does she study Korean? — (no / , / she / not / does).

______________________________________.

□ (2) ケンは車を持っていますか。— はい，持っています。
Does Ken have a car? — (does / he / yes / ,).

______________________________________.

□ (3) その女性は手紙を書きますか。　— いいえ，書きません。
Does the lady write letters? — (no / she / not / does / ,).

______________________________________.

□ (4) あの男性はメアリーを愛していますか。— はい，愛しています。
Does that man love Mary? — (he / does / , / yes).

______________________________________.

□ (5) この女性はボブを知っていますか。 — いいえ，知りません。
Does this woman know Bob? — (she / no / doesn't / ,).

______________________________________.

Q3 次の日本文の下線部を英語に直しなさい。 (10点×5=50点)

□ (1) あなたのお姉さんはケーキを作りますか。— はい，作ります。

Does your sister make cakes? — ______________________

□ (2) 彼は韓国語を勉強しますか。— いいえ，しません。

Does he study Korean? — ______________________

□ (3) 彼女はジムを愛していますか。— はい，愛しています。

Does she love Jim? — ______________________

□ (4) マイクは手紙を書きますか。— いいえ，書きません。

Does Mike write letters? — ______________________

□ (5) メアリーはサッカーが好きですか。— いいえ，好きではありません。

Does Mary like soccer? — ______________________

セクション **24**

学習日 ◯月 ◯日　制限時間 **30** 分　答え→別冊 p.9　/100点

He [She] does not play ～.（否定文）

主語が I，You 以外の単数で一般動詞の否定文では，一般動詞の前に，**does not** または短縮形の **doesn't** を置きます。一般動詞は元の形［原形］に戻(もど)すことにも注意しましょう。

He plays soccer after school.（彼は放課後サッカーをします）

He does not [doesn't] play soccer after school.（彼は放課後サッカーをしません）

Q1 次の文の(　　)内の正しいほうを選び，◯で囲みなさい。 （4点×5=20点）

□ (1) 彼はサッカーが好きではありません。
He (does not / do not) like soccer.

□ (2) メアリーはケーキを作りません。
Mary (does not / don't) make cakes.

□ (3) あの先生はメアリーを手伝いません。
That teacher (is not / does not) help Mary.

□ (4) 彼女はピアノを弾(ひ)きません。
She (don't / doesn't) play the piano.

□ (5) トムはテレビを見ません。
Tom (doesn't / isn't / don't) watch TV.

Q2 次の日本文に合うように，(　　)内の語句を並べかえなさい。 （6点×5=30点）

□ (1) ジムは中国語を勉強しません。
(does / study / not / Jim / Chinese).

____.

□ (2) 彼はかさを持っていません。
(not / does / he / umbrella / an / have).

____.

□ (3) 彼女はジムを愛していません。
(does / not / Jim / she / love).

______________________________.

□ (4) その男性は手紙を書きません。
(doesn't / write / the / letters / man).

______________________________.

□ (5) 彼女は図書館へ行きません。
(doesn't / to / go / the library / she).

______________________________.

Q3 次の日本文を英語に直しなさい。 (10点×5=50点)

□ (1) メアリー（Mary）はピアノを弾きません。

____

□ (2) トム（Tom）は中国語を勉強しません。

____

□ (3) 彼女は手紙を書きません。

____

□ (4) ジム（Jim）はケイト（Kate）を愛していません。

____

□ (5) 彼は図書館へ行きません。

____

ポイント 原形とは？

動詞に -s, -es などが何もつかない形を，動詞の原形といいます。
am / are / is は特別で，原形は be です。

原形	like	study	be
現在形	like / likes	study / studies	am / are / is

学習日 ◯月 ◯日　制限時間 30 分　答え→別冊 p.9　/100点

代名詞

代名詞とは，Mike，Mary などの人名や my father，this girl など人を指す名詞の代わりに使われる語のことです。男性には **he**，女性には **she** を使います。

Mike → he　Mary → she　my father → he　this girl → she

代名詞は文のどの部分で使われるかで形が変わります。右ページ下の表を参考にしながら問題に答えましょう。

Q1 下線部を代名詞に変える場合，(　　)内の正しいほうを選び，◯で囲みなさい。

(4点×5=20点)

□ (1) マイクはメアリーをとても愛しています。
Mike (It / He) loves Mary very much.

□ (2) 私はマイクを知っています。
I know Mike (his / him).

□ (3) マイクのお父さんは有名な医者です。
Mike's (He's / His) father is a famous doctor.

□ (4) マイクとケンはとても仲のよい友だちです。
Mike and Ken (You / They) are very good friends.

□ (5) マイクと私はいっしょに野球をします。
Mike and I (We / They) play baseball together.

Q2 次の日本文に合うように，(　　)内の語句を並べかえなさい。

(6点×5=30点)

□ (1) 彼女はあなたたちの先生です。(is / your / teacher / she).

______________________________.

□ (2) あれは彼らの学校です。(that / school / is / their).

______________________________.

□ (3) 彼のお兄さんはコックです。(his / is / a cook / brother).

____.

□ (4) 私たちは彼女がとても好きです。(her / much / like / we / very).

____.

□ (5) 彼らは中学生です。(are / students / they / junior high school).

____.

Q3 次の日本文を英語に直しなさい。 (10点×5=50点)

□ (1) 彼女のお父さんは先生です。

____

□ (2) あなたたちは中学生です。

____

□ (3) これは私たちの家です。

____

□ (4) 私は彼らの兄です。

____

□ (5) 私たちは彼がとても好きです。

____

ポイント 代名詞の格変化の整理

代名詞は文のどの部分に使われるかで，形が変わります。

	主格（～は，～が）	所有格（～の）	目的格（～を，～に）	所有代名詞（～のもの）
単数	I	my	me	mine
	you	your	you	yours
	he	his	him	his
	she	her	her	hers
	it	its	it	—
複数	we	our	us	ours
	you	your	you	yours
	they	their	them	theirs

確認テスト 2

学習日　月　日　答え → 別冊 p.9

制限時間 45 分

/100点

1027

出題範囲 セクション11～25

1 次の(　　)内に入る語句を選び，番号で答えなさい。 (4点×5=20点)

□ (1) 彼はサッカーと野球をします。

He (　　　　) soccer and baseball.

① plays　　② play　　③ knows

□ (2) 彼女は毎日英語の勉強をします。

She (　　　　) English every day.

① study　　② studies　　③ teaches

□ (3) 私の兄はコンピューターを持っていません。

My brother (　　　　) a computer.

① don't have　　② doesn't have　　③ has

□ (4) あなたはこの部屋を使いますか。　(　　　　) this room?

① Do you use　　② Does you use　　③ Do I use

□ (5) あの男性は韓国語(かんこくご)を話しますか。— いいえ，話しません。

(ア　　　　) Korean? — No, (イ　　　　).

ア ① Do you speak　② Does that man play　③ Does that man speak

イ ① she doesn't　② he doesn't　③ I don't

2 次の文を，(　　)内の指示に従って書きかえなさい。 (4点×4=16点)

□ (1) You use this bike every day. (疑問文にして，yes で答える)

______________________ — ______________________

□ (2) He washes his car every Sunday. (否定文に)

____

□ (3) She has a friend in America. (否定文に)

____

□ (4) I go to school by bus. (主語をHeに変えて)

____

3 次の疑問文に対する答えとして最も適するものを下から選び, 記号で答えなさい。

(4点×4=16点)

□ (1) Do you teach English? (　　　)

□ (2) Are you a music teacher? (　　　)

□ (3) Does that man play the guitar? (　　　)

□ (4) Is the picture beautiful? (　　　)

ア No, I don't.　イ No, he doesn't.　ウ Yes, I am.　エ Yes, it is.

4 次の日本文に合うように, (　　)内の語を並べかえなさい。

(6点×4=24点)

□ (1) あなたは野球が好きですか。— はい, 好きです。
(like / baseball / you / do)? — (I / do / yes / ,).

____________________? — ____________.

□ (2) 彼は図書館へ行きますか。— いいえ, 行きません。
(he / go / the / library / to / does)? — (, / he / no / doesn't).

____________________? — ____________.

□ (3) 私の父は英語を勉強します。(English / father / my / studies).

______________________________.

□ (4) マイクは車を持っていません。(car / doesn't / Mike / have / a).

______________________________.

5 次の日本文を英語に直しなさい。

(6点×4=24点)

□ (1) 彼女は韓国がとても好きです。

____

□ (2) 彼はバイオリンを弾(ひ)きますか。— いいえ, 弾きません。

____________________ — ____________

□ (3) 私はボブ (Bob) のことが好きではありません。

____

□ (4) あの男性は野球をします。

____

セクション 26

学習日 ◯月 ◯日　制限時間 30 分　答え→別冊 p.10　/ 100点

現在進行形

「(今) ～しているところです，～しています」と，現在何かをしている最中であることを表す場合は，動詞の部分を〈be 動詞 + 一般動詞の ing 形〉の形にします。be 動詞は am / are / is から主語に合わせて選びましょう。

I am playing the piano now.（私は今，ピアノを弾いているところです）

He is playing soccer.（彼はサッカーをしているところです）

現在進行形の文は，now「今」といっしょに用いられることが多いです。ここでは play を用いて学習しましょう。

Q1 次の文の(　　)内の正しいほうを選び，◯で囲みなさい。（4点×5=20点）

□ (1) 私は今，テニスをしているところです。
I (am playing / is playing) tennis now.

□ (2) 彼は今，ギターを弾いているところです。
He (is playing / plays) the guitar now.

□ (3) あなたのお父さんは今，野球をしているところです。
Your father (is playing / are playing) baseball now.

□ (4) 彼のお姉さんは今，ドラムを演奏しているところです。
His sister (playing / is playing) the drums now.

□ (5) あなたは今，バイオリンを弾いているところです。
You (are playing / playing) the violin now.

Q2 次の日本文に合うように，(　　)内の語句を並べかえなさい。（6点×5=30点）

□ (1) 私は今，サッカーをしているところです。(am / I / soccer / playing) now.

＿＿＿＿＿＿＿＿＿＿＿＿＿＿＿＿＿＿ now.

□ (2) 私の友だちは今，フットボールをしているところです。
(friend / playing / is / football / my) now.

＿＿＿＿＿＿＿＿＿＿＿＿＿＿＿＿＿＿ now.

□ (3) その男性は今，バイオリンを弾いているところです。
(the / is / playing / violin / the man) now.

＿＿＿＿＿＿＿＿＿＿＿＿＿＿＿＿＿＿＿＿＿＿＿＿ now.

□ (4) 彼女は今，フルートを演奏しているところです。
(is / playing / flute / the / she) now.

＿＿＿＿＿＿＿＿＿＿＿＿＿＿＿＿＿＿＿＿＿＿＿＿ now.

□ (5) 私の母は今，ピアノを弾いているところです。
(mother / playing / my / piano / is / the) now.

＿＿＿＿＿＿＿＿＿＿＿＿＿＿＿＿＿＿＿＿＿＿＿＿ now.

Q3 次の日本文を英語に直しなさい。 (10点×5=50点)

□ (1) 私の姉は今，フルートを演奏しているところです。

＿＿＿＿＿＿＿＿＿＿＿＿＿＿＿＿＿＿＿＿＿＿＿＿

□ (2) 私の父は今，バイオリンを弾いているところです。

＿＿＿＿＿＿＿＿＿＿＿＿＿＿＿＿＿＿＿＿＿＿＿＿

□ (3) あの男性は今，フットボールをしているところです。

＿＿＿＿＿＿＿＿＿＿＿＿＿＿＿＿＿＿＿＿＿＿＿＿

□ (4) 彼はテニスをしているところです。

＿＿＿＿＿＿＿＿＿＿＿＿＿＿＿＿＿＿＿＿＿＿＿＿

□ (5) 私はピアノを弾いているところです。

＿＿＿＿＿＿＿＿＿＿＿＿＿＿＿＿＿＿＿＿＿＿＿＿

ポイント 進行形にしない動詞

現在進行形は「～しているところです」の意味ですが，「～を持っている」「～を知っている」という意味の have，know は進行形にはなりません。have や know は状態を表している動詞だからです。ただし，have が「～を食べる」の意味の場合は進行形になります。

(○) I **know** that man. (私はその男の人を知っています)
(×) I am *knowing* that man.
(○) He is **having** lunch now. (彼は今，昼食をとっているところです)

セクション 27

現在進行形の作り方 ①

一般動詞の ing 形の作り方には 3 種類あります。たいていの動詞は，動詞の後ろにそのまま ing をつけます。

cook → **cooking**	wash → **washing**
eat → **eating**	watch → **watching**
speak → **speaking**	study → **studying**

Q1 次の文の(　　)内の正しいほうを選び，◯で囲みなさい。 (4点×5=20点)

□ (1) 私は今，英語を勉強しているところです。
I (am studying / studying) English now.

□ (2) 私の兄は今，フランス語を話しているところです。
My brother (is speaking / speaks) French now.

□ (3) 彼らは皿を洗っているところです。
They (are washing / washing) the dishes.

□ (4) 彼のお母さんはテレビを見ているところです。
His mother (is watching / are watching) TV.

□ (5) 彼女は今，昼食を作っているところです。
She (am cooking / is cooking) lunch now.

Q2 次の日本文に合うように，(　　)内の語句を並べかえなさい。 (6点×5=30点)

□ (1) 私の母は台所で夕食を作っているところです。
(mother / cooking / dinner / is / my) in the kitchen.

______________________________ in the kitchen.

□ (2) 彼らは今，韓国語(かんこくご)を話しているところです。
(Korean / they / speaking / are) now.

______________________________ now.

□ (3) あなたのお兄さんは今，テレビドラマを見ているところです。
(brother / watching / is / your / TV drama / a) now.

______________________________ now.

□ (4) 彼は今，自分の自転車を洗っているところです。
(washing / he / his / is / bike) now.

______________________________ now.

□ (5) その少年は今，歴史を勉強しているところです。
(the / studying / history / is / boy) now.

______________________________ now.

Q3 次の日本文を英語に直しなさい。 （10点×5=50点）

□ (1) 私の兄は今，自分の自転車を洗っているところです。

____

□ (2) 私は今，フランス語を勉強しているところです。

____

□ (3) 彼は今，英語を話しているところです。

____

□ (4) 私の母は昼食を作っているところです。

____

□ (5) 私たちはリビング（the living room）でテレビを見ているところです。

____

ポイント 動詞の ing 形

ing は必ず動詞の原形につけます。下の例文のように主語が３人称単数で現在であっても，-es のついた washes に ing をつけるのは間違い（まちがい）です。

My brother washes his car on Sundays.（私の兄は毎週日曜日に車を洗います）

（×） My brother is *washesing* his car now.
washing が正しい

学習日 ◯ 月 ◯ 日　制限時間 30 分　答え→別冊 p.10　/100点

現在進行形の作り方 ②

つづりが e で終わっている動詞は，e を取って ing をつけます。

make → making　**write → writing**　**use → using**

動詞が〈短母音（短く発音する母音）＋子音字〉で終わる場合は，子音字を重ねて ing をつけます。

run → running　**sit → sitting**　**swim → swimming**

Q1 次の文の（　）内の正しいほうを選び，○で囲みなさい。（4点×5=20点）

□ (1) 私は今，ケーキを作っているところです。
I (am makeing / am making) a cake now.

□ (2) 私の父は今，コンピューターを使っているところです。
My father (is useing / is using) a computer now.

□ (3) トムとケンは今，手紙を書いているところです。
Tom and Ken (are writing / is writing) letters now.

□ (4) その少年は公園を走っているところです。
The boy (is runing / is running) in the park.

□ (5) 彼女は川で泳いでいるところです。
She (is swiming / is swimming / swimming) in the river.

Q2 次の日本文に合うように，(　　)内の語句を並べかえなさい。 (6点×5=30点)

□ (1) 私たちは今，コンピューターを使っているところです。
(using / are / we / computer / a) now.

______________________________ now.

□ (2) 彼らは今，プールで泳いでいるところです。
(are / swimming / they / in the pool) now.

______________________________ now.

□ (3) トムは今，競技場のトラックを走っているところです。
(Tom / running / on the track / is) now. track「競技場のトラック」

______________________________ now.

□ (4) その女の子は友だちにメールを書いているところです。
(girl / an / e-mail / is / writing / the) to her friend.

______________________________ to her friend.

□ (5) メアリーは今，人形を作っているところです。
(making / Mary / doll / a / is) now.

______________________________ now.

Q3 次の日本文を英語に直しなさい。 (10点×5=50点)

□ (1) 私の父は今，手紙を書いているところです。

____

□ (2) 彼らは川で泳いでいるところです。

____

□ (3) 私の母はケーキを作っているところです。

____

□ (4) 彼は競技場のトラックを走っているところです。

____

□ (5) トム（Tom）は今，コンピューターを使っているところです。

____

セクション 29

学習日 ◯月 ◯日　制限時間 30 分　答え→別冊 p.11　/100点

Are you ～ing?（現在進行形の疑問文）

現在進行形を使って「～しているところですか」とたずねるときは，be動詞を文の先頭に置いて〈be動詞＋主語＋一般動詞のing形 ～ ?〉にします。be動詞だけを前に出します。語順に注意して練習してみましょう。

You are studying English now.（あなたは今，英語を勉強しているところです）

Are you studying English now?（あなたは今，英語を勉強しているところですか）

Q1 次の文の（　）内の正しいほうを選び，◯で囲みなさい。（4点×5=20点）

□ (1) あなたは今，テニスをしているところですか。
(Are you playing / Do you playing) tennis now?

□ (2) 彼の父はフランス語を話しているところですか。
(Is his father speaking / Is speaking his father) French?

□ (3) メアリーは今，英語を勉強しているところですか。
(Is studying Mary / Is Mary studying) English now?

□ (4) その男性は辞書を使っているところですか。
(Does the man using / Is the man using) a dictionary?

□ (5) 彼らは今，メールを書いているところですか。
(Does are they writing / Are they writing) e-mails now?

Q2 次の日本文に合うように，（　）内の語句を並べかえなさい。（6点×5=30点）

□ (1) あなたは今，数学を勉強しているところですか。
(you / are / math / studying) now?

______________________________ now?

□ (2) 彼女のお父さんは今コンピューターを使っているところですか。
(using / her father / is / a / computer) now?

______________________________ now?

□ (3) 彼女は今，歌を書いているところですか。
(writing / song / a / she / is) now?

____ now?

□ (4) トムは今，サッカーをしているところですか。
(Tom / playing / soccer / is) now?

____ now?

□ (5) 彼のお兄さんは今，韓国語(かんこくご)を話しているところですか。
(his / speaking / is / Korean / brother) now?

____ now?

Q3 次の日本文を英語に直しなさい。 (10点×5=50点)

□ (1) あなたのお父さんは今，韓国語を勉強しているところですか。

____

□ (2) 彼は今，メールを書いているところですか。

____

□ (3) その男性は今，英語を話しているところですか。

____

□ (4) あなたは今，コンピューターを使っているところですか。

____

□ (5) 彼女は今，テニスをしているところですか。

____

ポイント be動詞の疑問文と現在進行形の疑問文

現在進行形の疑問文は，be動詞の疑問文と基本ルールは同じです。

〔be動詞〕 He is a soccer player. （彼はサッカーの選手です）
Is he a soccer player? （彼はサッカーの選手ですか）

〔現在進行形〕 He is playing soccer. （彼はサッカーをしているところです）
Is he playing soccer? （彼はサッカーをしているところですか）

学習日 ◯ 月 ◯ 日　制限時間 30 分　答え→別冊 p.11　/ 100点

Are you ~ing? の答え方

現在進行形の疑問文「~しているところですか」に対する答え方を学習しましょう。「はい，そうです〔~しているところです〕」は〈**Yes, 主語 + be動詞 .**〉，「いいえ，そうではありません〔~していることろではありません〕」は〈**No, 主語 + be動詞 + not.**〉となります。

Are you playing tennis?（あなたはテニスをしているところですか）

— **Yes, I am.**（はい，そうです）

— **No, I am[I'm] not.**（いいえ，そうではありません）

Q1 次の文の(　　)内の正しいほうを選び，◯で囲みなさい。（4点×5=20点）

□ (1) あなたは今，テニスをしているところですか。— はい，そうです。
Are you playing tennis now? — Yes, (I am / I do).

□ (2) あなたたちは今，英語を勉強しているところですか。— いいえ，そうではありません。
Are you studying English now? — No, (you are not / we are not).

□ (3) 彼は今，スペイン語を話しているところですか。— はい，そうです。
Is he speaking Spanish now? — Yes, (he is / he speaks).

□ (4) あの男性は今，コンピューターを使っているところですか。— いいえ，そうではありません。
Is that man using a computer now? — No, (he isn't / he don't).

□ (5) メアリーは今，手紙を書いているところですか。— いいえ，そうではありません。
Is Mary writing a letter now?
— No, (she doesn't / she isn't / she don't).

Q2 次の日本文に合うように，(　　)内の語を並べかえなさい。 (6点×5=30点)

□ (1) あなたは今，数学を勉強しているところですか。— いいえ，そうではありません。
Are you studying math now? — (no / , / I / not / am).

______________________________________.

□ (2) トムは今，コンピューターを使っているところですか。— はい，そうです。
Is Tom using a computer now? — (is / he / yes / ,).

______________________________________.

□ (3) あなたのお母さんは今，歌を書いているところですか。— いいえ，そうではありません。
Is your mother writing a song now? — (not / she / no / is / ,).

______________________________________.

□ (4) 彼らは今，サッカーをしているところですか。— いいえ，そうではありません。
Are they playing soccer now? — (they / no / aren't / ,).

______________________________________.

□ (5) あの女の子は今，韓国語(かんこくご)を話しているところですか。— はい，そうです。
Is that girl speaking Korean now? — (, / yes / is / she).

______________________________________.

Q3 次の日本文の下線部を英語に直しなさい。 (10点×5=50点)

□ (1) あなたは今，韓国語を勉強しているところですか。— はい，そうです。

Are you studying Korean now? — ______________________

□ (2) トムは今，メールを書いているところですか。— いいえ，そうではありません。

Is Tom writing an e-mail now? — ______________________

□ (3) その男性は今，辞書を使っているところですか。— はい，そうです。

Is the man using a dictionary now? — ______________________

□ (4) 彼女は今，英語を話しているところですか。— いいえ，そうではありません。

Is she speaking English now? — ______________________

□ (5) 彼らは今，テニスをしているところですか。— はい，そうです。

Are they playing tennis now? — ______________________

セクション 31

学習日 月 日　制限時間 30 分　答え→別冊 p.11　/100点

I am not ～ing.（現在進行形の否定文）

「～しているところではありません」という場合は，be 動詞のあとに not を置き，〈be 動詞＋ not ＋一般動詞の ing 形〉という形にします。語順に注意して練習しましょう。I'm, You're や He's などの短縮形を使って表現することもできます。

I am [I'm] not studying English now.

（私は今，英語を勉強しているところではありません）

Q1 次の文の（　　）内の正しいほうを選び，○で囲みなさい。（4点×5=20点）

□ (1) 私は今，テニスをしているところではありません。
I (am not play / am not playing / don't playing) tennis now.

□ (2) 彼らは今，英語を勉強しているところではありません。
They (is not studying / not studying / are not studying) English now.

□ (3) メアリーはケーキを作っているところではありません。
Mary (not making is / is not making) a cake.

□ (4) 私の兄は今，コンピューターを使っているところではありません。
My brother (is not using / not is using / isn't use) a computer now.

□ (5) 私は今，歌を書いているところではありません。
I (am not write / am not writing / don't writing) a song now.

Q2 次の日本文に合うように，（　　）内の語を並べかえなさい。（6点×5=30点）

□ (1) 彼は今，サッカーをしているところではありません。
(he / playing / is / not / soccer) now.

________________________________ now.

□ (2) 私はコンピューターを使っているところではありません。
(using / I / am / not / computer / a).

________________________________.

□ (3) ベティーは人形を作っているところではありません。
(a / Betty / doll / isn't / making).

______________________________________.

□ (4) 私は今，メールを書いているところではありません。
(writing / I'm / an / e-mail / not) now.

______________________________________ now.

□ (5) 彼らは今，数学を勉強しているところではありません。
(studying / they're / math / not) now.

______________________________________ now.

Q3 次の日本文を英語に直しなさい。 (10点×5=50点)

□ (1) 私の兄は今，英語を勉強しているところではありません。

____

□ (2) 彼女は人形を作っているところではありません。

____

□ (3) ベティー（Betty）は今，歌を書いているところではありません。

____

□ (4) ボブ（Bob）は今，コンピューターを使っているところではありません。

____

□ (5) 彼らはサッカーをしているところではありません。

____

ポイント be 動詞の否定文と現在進行形の否定文

現在進行形の否定文は，be 動詞の否定文と基本ルールは同じです。

〔be 動詞〕 She is a pianist.（彼女はピアニストです）
She **is not** [**isn't**] a pianist.（彼女はピアニストではありません）

〔現在進行形〕She is playing the piano.（彼女はピアノを弾いているところです）
She **is not** [**isn't**] playing the piano.（彼女はピアノを弾いているところではありません）

学習日 ◯月 ◯日　制限時間 30 分　答え→別冊 p.11　/100点

助動詞 can

「～できる」の意味を表すときには，一般動詞の前に**助動詞の can** を置きます。助動詞は動詞の働きを助ける語です。can のあとの動詞は，主語が he，she などの 3 人称単数でも必ず原形になります。注意しましょう。

He speaks English.（彼は英語を話します）
↓
He can speak English well.（彼は英語を上手に話すことができます）

Q1 次の文の(　　)内の正しいほうを選び，◯で囲みなさい。（4点×5=20点）

□ (1) あなたは上手にサッカーをすることができます。
You (can play / play can) soccer well.

□ (2) あなたはギターを弾くことができます。
You (play can / can play) the guitar.

□ (3) 彼は英語で手紙を書くことができます。
He (can write / can writes / cans write) a letter in English.

□ (4) 彼女は上手に英語を話すことができます。
She (cans speak / can speaks / can speak) English well.

□ (5) 私の父はコンピューターを使うことができます。
My father (cans uses / can uses / can use) a computer.

Q2 次の日本文に合うように，(　　)内の語句を並べかえなさい。（6点×5=30点）

□ (1) あなたは上手に泳ぐことができます。
(well / you / can / swim).

____.

□ (2) エミリーはフランス語を話すことができます。
(Emily / speak / can / French).

____.

□ ⑶ 彼は上手に野球をすることができます。
(play / can / he / well / baseball).

______________________________.

□ ⑷ 彼女はとても上手にバイオリンを弾くことができます。
(she / play / can / violin / the / well / very).

______________________________.

□ ⑸ 私の友だちはインターネットを使うことができます。
(the Internet / friend / use / can / my).

______________________________.

Q3 次の日本文を英語に直しなさい。 (10点×5=50点)

□ ⑴ 彼は上手にサッカーをすることができます。

____

□ ⑵ 私の母は上手にフランス語を話すことができます。

____

□ ⑶ 私はあのコンピューターを使うことができます。

____

□ ⑷ 私はバイオリンを弾くことができます。

____

□ ⑸ あの男性はとても上手に泳ぐことができます。

____

ポイント 副詞 well の位置

well は「上手に」という意味の副詞です。Q1の⑴や⑷のように，ふつうは文末に置かれます。

She can play the piano well.

（彼女は上手にピアノを弾くことができます）

学習日 ◯月 ◯日　制限時間 30分　答え→別冊 p.12　/100点

Can you ～?(疑問文)

canを使って「～することができますか」とたずねるときは，**canを主語の前**に置きます。動詞はそのままの位置です。

He can swim fast.　(彼は速く泳ぐことができます)

Can he swim fast?　(彼は速く泳ぐことができますか)

Q1 次の文の(　　)内の正しいほうを選び，◯で囲みなさい。　(4点×5=20点)

□ (1) あなたはサッカーを上手にすることができますか。
(Can you play / Can play you) soccer well?

□ (2) 彼女はギターを上手に弾(ひ)くことができますか。
(Can she play / Can she plays) the guitar well?

□ (3) メアリーは英語を上手に話すことができますか。
(Can Mary speak / Can speak Mary) English well?

□ (4) あなたは英語で手紙を書くことができますか。
(Can write you / Can you write) a letter in English?

□ (5) 彼は速く走ることができますか。
(He can runs / Can he run / Can he runs) fast?

Q2 次の日本文に合うように，(　　)内の語を並べかえなさい。 (6点×5=30点)

□ (1) あなたはコンピューターを使うことができますか。
(a / computer / use / can / you)?

____?

□ (2) あなたはフランス語を上手に話すことができますか。
(speak / French / can / you / well)?

____?

□ (3) 彼はピアノを上手に弾くことができますか。
(well / he / play / can / piano / the)?

____?

□ (4) あなたのお兄さんは速く走ることができますか。
(brother / run / your / can / fast)?

____?

□ (5) 彼女は速く泳ぐことができますか。
(she / can / swim / fast)?

____?

Q3 次の日本文を英語に直しなさい。 (10点×5=50点)

□ (1) あなたは上手に手紙を書くことができますか。

____

□ (2) ジャック（Jack）は日本語を話すことができますか。

____

□ (3) 彼女は速く走ることができますか。

____

□ (4) あなたは速く泳ぐことができますか。

____

□ (5) あなたのお父さんはあのコンピューターを使うことができますか。

____

セクション 34

学習日 ◯月 ◯日　制限時間 30 分　答え→別冊 p.12　/100点

can の疑問文の答え方

「～できますか」と can でたずねられたら, can で答えます。do や does は使いません。「はい」のときは〈**Yes, 主語＋ can.**〉,「いいえ」のときは〈**No, 主語＋ cannot[can't].**〉を用います。can't は cannot の短縮形です。cannot は (×) can not とわけないで書きます。

Can you speak Chinese well? (あなたは中国語を上手に話すことができますか)

— **Yes, I can.** (はい, できます)

— **No, I cannot[can't].** (いいえ, できません)

Q1 次の文の(　　)内の正しいほうを選び, ◯で囲みなさい。 (4点×5=20点)

□ (1) 彼は速く走ることができますか。— はい, できます。
Can he run fast? — Yes, (he does / he can).

□ (2) ミキは英語を上手に話すことができますか。— いいえ, できません。
Can Miki speak English well? — No, (she doesn't / she can't).

□ (3) あなたはサッカーを上手にすることができますか。— いいえ, できません。
Can you play soccer well? — No, (can't I / I can't).

□ (4) 彼はギターを弾(ひ)くことができますか。— はい, できます。
Can he play the guitar? — Yes, (he cannot / he can).

□ (5) あなたは手紙を上手に書くことができますか。— いいえ, できません。
Can you write a letter well? — No, (you can't / I can't / I don't).

Q2 次の日本文に合うように，(　　)内の語を並べかえなさい。 (6点×5=30点)

□ (1) 彼女はピアノを上手に弾くことができますか。— いいえ，できません。
Can she play the piano well? — (she / no / , / cannot).

______________________________.

□ (2) あなたはコンピューターを使うことができますか。— はい，できます。
Can you use a computer? — (I / can / yes / ,).

______________________________.

□ (3) ケンはフランス語を上手に話すことができますか。— いいえ，できません。
Can Ken speak French well? — (can't / no / , / he).

______________________________.

□ (4) あなたのお母さんは速く泳ぐことができますか。— はい，できます。
Can your mother swim fast? — (yes / can / she / ,).

______________________________.

□ (5) あなたのお兄さんは速く走ることができますか。— いいえ，できません。
Can your brother run fast? — (, / he / cannot / no).

______________________________.

Q3 次の日本文の下線部を英語に直しなさい。 (10点×5=50点)

□ (1) 彼女は速く走ることができますか。— はい，できます。

Can she run fast? — ______________________________

□ (2) あなたは速く泳ぐことができますか。— いいえ，できません。

Can you swim fast? — ______________________________

□ (3) 彼は上手に手紙を書くことができますか。— はい，できます。

Can he write a letter well? — ______________________________

□ (4) あなたは上手に英語を話すことができますか。— いいえ，できません。

Can you speak English well? — ______________________________

□ (5) あなたのお父さんはコンピューターを上手に使うことができますか。
— はい，できます。

Can your father use a computer well? — ______________________________

学習日（　）月（　）日　制限時間 30 分　答え→別冊 p.12　　/100点

I cannot ～.（否定文）

canを用いた文を「～することができません」と否定文にするときは，canの後ろにnotをつけcannotという形にします。canとnotは離さずに続けて書きましょう。
cannotはcan'tと短縮形にすることもあります。

My father cannot [can't] play the guitar.
（私の父はギターを弾くことができません）

Q1 次の文の（　）内の正しいほうを選び，◯で囲みなさい。（4点×5=20点）

□ (1) 私はサッカーを上手にすることができません。
I (cannot play / not can play) soccer well.

□ (2) 私はギターを上手に弾くことができません。
I (not can play / cannot play) the guitar well.

□ (3) 彼は英語で手紙を書くことができません。
He (cannot writes / cannot write) a letter in English.

□ (4) 彼は速く走ることができません。
He (can't run / can't runs) fast.

□ (5) 彼女は速く泳ぐことができません。
She (can't swims / can't swim) fast.

Q2 次の日本文に合うように，(　　)内の語句を並べかえなさい。 (6点×5=30点)

□ (1) 私は英語を上手に話すことができません。
(I / well / cannot / speak / English).

____.

□ (2) 私の母はコンピューターを使うことができません。
(a / my mother / cannot / use / computer).

____.

□ (3) 彼は上手にピアノを弾くことができません。
(the / play / cannot / he / well / piano).

____.

□ (4) 彼女は上手にバレーボールをすることができません。
(well / play / can't / she / volleyball).

____.

□ (5) あなたは速く走ることができません。
(fast / can't / you / run).

____.

Q3 次の日本文を英語に直しなさい。 (10点×5=50点)

□ (1) 彼は上手に踊る(おど)(dance)ことができません。

____

□ (2) 彼女はあのコンピューターを使うことができません。

____

□ (3) 彼女は英語を上手に話すことができません。

____

□ (4) 私は英語の歌(English songs)を歌う(sing)ことができません。

____

□ (5) 彼は速く泳ぐことができません。

____

確認テスト 3

 学習日 月 日 答え → 別冊 p.12

 制限時間 45 分

 /100点

出題範囲 セクション26～35

1 次の文の(　　)に，[　　]の語を正しい形にして入れなさい。 (4点×5=20点)

□ (1) He is (　　　　　　) math now. [study]

□ (2) My mother is (　　　　　　) a cake. [make]

□ (3) Robert is (　　　　　　) with Mr. Smith. [talk]

□ (4) I am (　　　　　　) this computer. [use]

□ (5) They are (　　　　　　) in the river. [swim]

2 次の文を，(　　)内の指示に従って書きかえなさい。 (4点×5=20点)

□ (1) I'm reading a book. (否定文に)

____

□ (2) He washes his car every Sunday. (否定文に)

____

□ (3) John can play the guitar very well. (疑問文にして，no で答える)

____________________ — ____________________

□ (4) Susan watches a baseball game. (現在進行形の文に)

____

□ (5) Do you write a letter to her? (文末に now を加えて現在進行形の疑問文に)

____

3 次の(　　)内に入る語を選び，番号で答えなさい。 (4点×4=16点)

□ (1) Mike can (　　　　) the guitar well.
① play ② plays ③ playing

□ (2) I am (　　　　) a book now.
① reads ② read ③ reading

□ (3) (　　　　) your father like music?
① Does　　　　② Do　　　　③ Is

□ (4) My brothers (　　　　) English very well.
① speaks　　　　② speaking　　　　③ speak

4 次の日本文に合うように，(　　)内の語句を並べかえなさい。 (5点×4=20点)

□ (1) 彼は公園で写真を撮っているところです。
(is / pictures / he / taking) in the park.

______________________________ in the park.

□ (2) 彼らは今，夕食を食べているところではありません。
(they / now / dinner / eating / are / not).

______________________________.

□ (3) メアリーは今，図書館で働いているところですか。— はい，そうです。
(Mary / working / the library / in / is / now)? — (is / she / yes / ,).

______________________________? — ______________.

□ (4) あなたは今，先生を手伝っているところですか。— いいえ，そうではありません。
(are / helping / your teacher / you / now)? — (no / not / I'm / ,).

______________________________? — ______________.

5 次の日本文を英語に直しなさい。 (6点×4=24点)

□ (1) 私は今，音楽を聞いています。

____

□ (2) 私の姉は今，宿題をしているところではありません。

____

□ (3) あなたは今，昼食を食べているところですか。

____

□ (4) 私の母は上手に車を運転することができません。

____

セクション 36

学習日 月 日　制限時間 30 分　答え→別冊 p.13　/ 100点

I played ～.（一般動詞の過去形）

一般動詞を使って「～しました」と過去の出来事をいう場合は，一般動詞に ed をつけて表します。ここでは play を使って練習してみましょう。

I play the piano every day.（私は毎日，ピアノを弾きます）
↓
I played the piano yesterday.（私は昨日，ピアノを弾きました）

Q1 次の文の(　　)内の正しいほうを選び，○で囲みなさい。（4点×5=20点）

□ (1) 私は昨日，テニスをしました。
I (played / play) tennis yesterday.

□ (2) メアリーは昨晩，ピアノを弾きました。
Mary (plays / played) the piano last night.

□ (3) 私の兄は昨日，ドラムを演奏しました。
My brother (plays / played) the drums yesterday.

□ (4) 彼らは先週，バスケットボールをしました。
They (played / plays) basketball last week.

□ (5) 私たちは昨日，バイオリンを弾きました。
We (played / play) the violin yesterday.

Q2 次の日本文に合うように，(　　)内の語句を並べかえなさい。（6点×5=30点）

□ (1) 私は昨日，野球をしました。
(played / I / baseball) yesterday.

________________________________ yesterday.

□ (2) トムは昨日，トランペットを演奏しました。
(played / Tom / trumpet / the) yesterday.

________________________________ yesterday.

□ (3) 彼らは昨日，バレーボールをしました。
(volleyball / they / played) yesterday.

____ yesterday.

□ (4) 私たちは先週，サッカーをしました。
(we / soccer / played) last week.

____ last week.

□ (5) その生徒たちは昨日，フットボールをしました。
(played / football / the students) yesterday.

____ yesterday.

Q3 次の日本文を英語に直しなさい。 （10点×5=50点）

□ (1) 私たちは先週，バレーボールをしました。

____

□ (2) 彼女は昨日，バイオリンを弾きました。

____

□ (3) その生徒たちは昨日，バスケットボールをしました。

____

□ (4) その少年たちは昨日，野球をしました。

____

□ (5) メアリー（Mary）は昨晩，トランペットを演奏しました。

____

ポイント 主語＋一般動詞の過去形

現在形とは違い，一般動詞の過去形は，主語によって形が変わることはありません。

I （私は）
He （彼は）
She （彼女は）
We （私たちは）
They （彼らは，彼女らは）
} **played the piano yesterday.** （～は昨日，ピアノを弾きました）

セクション 37

一般動詞の過去形（ed のつけ方 ①）

play のほかにも，よく使われる動詞を用いた過去形の練習をしてみましょう。

call → **called**　　enjoy → **enjoyed**
help → **helped**　　watch → **watched**
wash → **washed**　　visit → **visited**

Q1 次の文の（　）内の正しいほうを選び，○で囲みなさい。 （4点×5=20点）

□ (1) 私は昨晩，テレビを見ました。
I (watch / watched) TV last night.

□ (2) 私の父は先週，車を洗いました。
My father (wash / washed) the car last week.

□ (3) 彼は先月，メアリーを手伝いました。
He (helped / helps) Mary last month.

□ (4) 彼らは 3 日前，パーティーを楽しみました。
They (enjoyed / enjoys) the party three days ago.

□ (5) ボブは 5 日前，ジムに電話をしました。
Bob (call / called) Jim five days ago.

Q2 次の日本文に合うように，（　）内の語句を並べかえなさい。 （6点×5=30点）

□ (1) 私の母は昨日，ドラマを見ました。
(watched / a / my mother / drama) yesterday.

______________________________ yesterday.

□ (2) 私の妹は昨晩，皿を洗いました。
(sister / washed / dishes / my / the) last night.

______________________________ last night.

□ (3) 彼女は先週，ボブを手伝いました。(she / Bob / helped) last week.

______________________________ last week.

□ (4) 私たちは先月，野球の試合を楽しみました。
(enjoyed / we / baseball / the / game) last month.

______________________________ last month.

□ (5) 彼は昨日，トムに電話をしました。(called / he / Tom) yesterday.

______________________________ yesterday.

Q3 次の日本文を英語に直しなさい。 (10点×5=50点)

□ (1) その少年は先月，メアリー（Mary）を手伝いました。

____

□ (2) 私は昨晩，ボブ（Bob）に電話をしました。

____

□ (3) 彼は先週，パーティーを楽しみました。

____

□ (4) 彼のお父さんは4日前，彼の車を洗いました。

____

□ (5) 私たちは先週，野球の試合を楽しみました。

____

ポイント 過去を表す語句

yesterday「昨日」のほかに，過去形といっしょに使われる語句を覚えましょう。

- last ～「先～，昨～」

last night（昨晩）	last week（先週）
last month（先月）	last year（昨年） など

- ～ ago「～前」

three days ago（3日前）	five weeks ago（5週間前）
two months ago（2か月前）	four years ago（4年前） など

学習日 月 日　制限時間 30 分　答え→別冊 p.13　/100点

一般動詞の過去形（ed のつけ方 ②）

e で終わる動詞は，語の終わりに d だけをつけます。

like → liked　　**smile → smiled**

〈子音字＋y〉で終わる動詞は，y を i に変えて ed をつけます。

cry → cried　　**study → studied**

Q1 次の文の(　　)内の正しいほうを選び，◯で囲みなさい。（4点×5=20点）

□ (1) 私は英語がとても好きでした。
I (liked / like) English very much.

□ (2) 彼は昔，メアリーを愛していました。
He (loves / loved) Mary long ago.

□ (3) 彼のお父さんは 1 週間前にそのペンを使いました。
His father (used / uses) the pen a week ago.

□ (4) 彼らは 3 年前に歴史を勉強しました。
They (studied / studyed) history three years ago.

□ (5) 私たちは昨晩，日本食を試(ため)しました［食べてみました］。
We (tryed / tried) Japanese food last night.

Q2 次の日本文に合うように，(　　)内の語を並べかえなさい。 (6点×5=30点)

□ (1) 私は昔，ジムを愛していました。
(I / Jim / loved / ago / long).

____________________________.

□ (2) 彼は昔，その自転車を使っていました。
(the / he / used / ago / long / bike).

____________________________.

□ (3) 彼らは昔，数学が好きでした。
(long / math / liked / they / ago).

____________________________.

□ (4) 私たちは3年前，理科を勉強しました。
(we / science / studied / years / three / ago).

____________________________.

□ (5) その女の子は昨晩，泣きました。
(the / cried / last / girl / night).

____________________________.

Q3 次の日本文を英語に直しなさい。 (10点×5=50点)

□ (1) 私は昔，メアリー（Mary）を愛していました。

____

□ (2) 私たちは昔，英語が好きでした。

____

□ (3) 彼のお父さんは昔，あの自転車を使っていました。

____

□ (4) ケイト（Kate）は昨晩，泣きました。

____

□ (5) 彼らは2年前，歴史を勉強しました。

____

学習日 ( )月 ( )日　制限時間 30 分　答え→別冊 p.14　/100点

一般動詞の過去形（不規則動詞）

一般動詞の過去形には，ed をつけるのではなく，不規則に変化するものがあります。
ここではよく使う不規則動詞を覚えましょう。

eat → ate　　go → went　　give → gave
have → had　　meet → met　　see → saw
speak → spoke　　take → took　　write → wrote

Q1 次の文の(　　)内の正しいほうを選び，○で囲みなさい。 （4点×5=20点）

□ (1) 私は昨日，その男性に会いました。
I (met / meet) the man yesterday.

□ (2) 彼は昨日，図書館へ行きました。
He (went / goes) to the library yesterday.

□ (3) 彼のお父さんは先週，英語を話しました。
His father (spoke / speaks) English last week.

□ (4) 彼は先週，彼の弟にペンをあげました。
He (gave / gives) a pen to his brother last week.

□ (5) 私たちは昼食にリンゴをいくつか食べました。
We (eat / ate / eats) some apples for lunch.

Q2 次の日本文に合うように，(　　)内の語句を並べかえなさい。 (6点×5=30点)

□ (1) 私は先週の日曜日に何人かの友だちに会いました。
(some / friends / met / I) last Sunday.

________________________________ last Sunday.

□ (2) 彼は昨日，公園に行きました。
(went / to / he / the park) yesterday.

________________________________ yesterday.

□ (3) 私は先週，メアリーに手紙を書きました。
(a letter / to / I / Mary / wrote / last) week.

________________________________ week.

□ (4) ケイトは先月，友だちにプレゼントをあげました。
(Kate / last / a present / to her friend / gave) month.

________________________________ month.

□ (5) 私の兄は朝食に納豆を食べました。
(ate / my / for / brother / *natto*) breakfast.

________________________________ breakfast.

Q3 次の日本文を英語に直しなさい。 (10点×5=50点)

□ (1) 私は昨日，友だちに会いました。

____

□ (2) ケンは昨日の朝，その公園に行きました。

____

□ (3) 彼女は先週，彼女のお母さんに手紙を１通書きました。

____

□ (4) 彼は昨日，リンゴを１個食べました。

____

□ (5) 私の兄は昨日，彼の友だちにプレゼントをあげました。

____

セクション 40

Did you ～?（一般動詞過去形の疑問文）

一般動詞を使って「～は…しましたか」とたずねるときには，Did を文頭に置いて〈**Did ＋主語＋動詞の原形 ～ ?**〉の語順にします。**動詞は原形に戻す**ことを忘れないようにしましょう。

You studied English last night.（あなたは昨日，英語を勉強しました）

↓

Did you study English last night?（あなたは昨日，英語を勉強しましたか）

Q1 次の文の(　　)内の正しいほうを選び，○で囲みなさい。（4点×5=20点）

□ (1) あなたは英語が好きでしたか。
(Did you / Do you) like English?

□ (2) あなたは4日前にコンピューターを使いましたか。
(Do you / Did you) use a computer four days ago?

□ (3) あなたのお兄さんは昔，メアリーを愛していましたか。
(Did your brother / Does your brother) love Mary long ago?

□ (4) 彼は1週間前に数学を勉強しましたか。
(Did he study / Did study he) math a week ago?

□ (5) あの女の子は1週間前に泣きましたか。
(Did that girl cried / Was that girl cry / Did that girl cry) a week ago?

Q2 次の日本文に合うように，(　　)内の語句を並べかえなさい。（6点×5=30点）

□ (1) あなたはケイトをとても愛していましたか。
(you / love / did / Kate) very much?

________________________ very much?

□ (2) あなたは1週間前に中国語を勉強しましたか。
(you / study / Chinese / did) a week ago?

________________________ a week ago?

□ (3) あなたは2年前，大阪に住んでいましたか。
(you / did / Osaka / in / live) two years ago?

______________________________ two years ago?

□ (4) あなたは昨日，韓国(かんこく)料理を試(ため)しましたか［食べてみましたか］。
(did / try / you / Korean food) yesterday?

______________________________ yesterday?

□ (5) あなたは1週間前に自転車を使いましたか。
(you / did / use / bike / a) a week ago?

______________________________ a week ago?

Q3 次の日本文を英語に直しなさい。

（10点×5=50点）

□ (1) あの女の子はフランス語（French）が好きでしたか。

____

□ (2) 彼らは1週間前に英語を勉強しましたか。

____

□ (3) 彼は昨年，京都に住んでいましたか。

____

□ (4) あなたのお母さんは昨晩，泣きましたか。

____

□ (5) あなたのお父さんは3日前にそのコンピューターを使いましたか。

____

ポイント Did＋主語＋動詞の原形 ～？

現在の文では，主語によって Do と Does を使いわけました。しかし，過去の文では主語に関係なく，すべて Did を使います。簡単ですね。

Did you use this bike?（あなたはこの自転車を使いましたか）

Did he use this bike?（彼はこの自転車を使いましたか）

学習日 ◯月 ◯日　制限時間 30 分　答え→別冊 p.14　/100点

Did you ～? の答え方

「～は…しましたか」に対する答え方を学習しましょう。「はい，しました」なら〈**Yes, 主語 + did.**〉，「いいえ，しませんでした」なら〈**No, 主語 + did not.**〉と答えます。did not は didn't のように短縮形を使うこともできます。

Did you speak English yesterday? （あなたは昨日，英語を話しましたか）

— **Yes, I did.** （はい，話しました）

— **No, I did not [didn't].** （いいえ，話しませんでした）

Q1 次の文の(　　)内の正しいほうを選び，◯で囲みなさい。 (4点×5=20点)

□ (1) あなたは東京に住んでいましたか。— はい，住んでいました。
Did you live in Tokyo? — Yes, I (do / did).

□ (2) あなたは昨日，コンピューターを使いましたか。— いいえ，使いませんでした。
Did you use a computer yesterday? — No, I (did not / do not).

□ (3) あなたは先週，テニスをしましたか。— はい，しました。
Did you play tennis last week? — Yes, (I did / you did).

□ (4) 彼は１週間前に数学を勉強しましたか。— いいえ，しませんでした。
Did he study math a week ago? — No, (he didn't / he doesn't).

□ (5) あなたは昨晩，泣きましたか。— いいえ，泣きませんでした。
Did you cry last night? — No, (I don't / I didn't / I wasn't).

Q2 次の日本文に合うように，(　　)内の語を並べかえなさい。 (6点×5=30点)

□ (1) あなたは昨晩，数学を勉強しましたか。— いいえ，しませんでした。
Did you study math last night? — (no / , / not / I / did).

____.

□ (2) あなたのお兄さんは１週間前に日本語を勉強しましたか。— はい，しました。
Did your brother study Japanese a week ago? — (did / , / yes / he).

______________________________.

□ (3) メアリーはクラシック音楽が好きでしたか。— いいえ, 好きではありませんでした。
Did Mary like classical music? — (she / not / no / , / did).

classical music「クラシック音楽」

______________________________.

□ (4) あの少年は昨晩，泣きましたか。— いいえ，泣きませんでした。
Did that boy cry last night? — (he / didn't / no / ,).

______________________________.

□ (5) あなたは１週間前に自転車を使いましたか。— はい，使いました。
Did you use a bike a week ago? — (did / I / yes / ,).

______________________________.

Q3 次の日本文の下線部を英語に直しなさい。 (10点×5=50点)

□ (1) あなたは沖縄に住んでいましたか。— はい，住んでいました。

Did you live in Okinawa? — ______________________________

□ (2) あなたは１週間前にコンピューターを使いましたか。— はい，使いました。

Did you use a computer a week ago? — ______________________________

□ (3) あなたのお兄さんは先週サッカーをしましたか。— はい，しました。

Did your brother play soccer last week? — ______________________________

□ (4) メアリーは昨晩，泣きましたか。— いいえ，泣きませんでした。

Did Mary cry last night? — ______________________________

□ (5) あなたは１週間前に英語を勉強しましたか。— いいえ，しませんでした。

Did you study English a week ago? — ______________________________

学習日 ◯ 月 ◯ 日　制限時間 30 分　答え→別冊 p.14　/100点

I [You] did not ～.（一般動詞過去形の否定文）

一般動詞の過去形の否定文「～しませんでした」の作り方を学習しましょう。一般動詞の前に did not を置いて〈did not + 動詞の原形〉の語順にします。疑問文と同様に否定文でも，動詞を原形に直すことを忘れないようにしましょう。また did not は didn't と短縮形を用いることもあります。

I liked tennis.（私はテニスが好きでした）

I did not [didn't] like tennis.（私はテニスが好きではありませんでした）

Ken played the piano.（ケンはピアノを弾きました）

Ken did not [didn't] play the piano.（ケンはピアノを弾きませんでした）

Q1 次の文の(　　)内の正しいほうを選び，◯で囲みなさい。（4点×5=20点）

□ (1) 私の友だちは英語が好きではありませんでした。
My friend (did not like / do not like) English.

□ (2) 彼女は昨年，京都に住んでいませんでした。
She (did not live / did not lived) in Kyoto last year.

□ (3) 彼女のお父さんは1週間前にコンピューターを使いませんでした。
Her father (didn't use / don't use) a computer a week ago.

□ (4) 彼らは日本の歴史を勉強しませんでした。
They (didn't studied / didn't study) Japanese history.

□ (5) トムは昨日，泣きませんでした。
Tom (didn't cry / didn't cried) yesterday.

Q2 次の日本文に合うように，(　　)内の語を並べかえなさい。 (6点×5=30点)

□ (1) 私たちは昨晩，英語を勉強しませんでした。
(English / did / study / not / we) last night.

______________________________ last night.

□ (2) 私は昔，彼を好きではありませんでした。
(I / did / like / him / not) long ago.

______________________________ long ago.

□ (3) 彼らは昨日，泣きませんでした。
(didn't / cry / they) yesterday.

______________________________ yesterday.

□ (4) 彼は5年前，メアリーを愛していませんでした。
(didn't / love / he / Mary) five years ago.

______________________________ five years ago.

□ (5) その男性は昨晩，ふろに入りませんでした。
(man / didn't / a / bath / take / the) last night.

______________________________ last night.

Q3 次の日本文を英語に直しなさい。 (10点×5=50点)

□ (1) 彼は昨年，京都に住んでいませんでした。

____

□ (2) 彼らは昨日，歴史を勉強しませんでした。

____

□ (3) 私の父は1週間前に彼のコンピューターを使いませんでした。

____

□ (4) 私の妹は昨晩，泣きませんでした。

____

□ (5) 彼の父は昨日，ふろに入りませんでした。

____

学習日 ◯月 ◯日　制限時間 30 分　答え→別冊 p.15　/100点

I was ～. と You were ～.（be 動詞の過去形）

「～だった」という意味の be 動詞〔am / are / is〕の過去形を学習しましょう。現在形は３種類ありましたが，過去形は was と were の２種類しかありません。am と is の過去形が **was**，are の過去形が **were** です。

I was a student three years ago.（私は３年前は学生でした）
He was a soccer player.（彼はサッカー選手でした）
You were a teacher last year.（あなたは昨年，先生でした）

Q1 次の文の（　）内の正しいほうを選び，◯で囲みなさい。（4点×5=20点）

□ (1) 私は昔，先生でした。
I (was / am) a teacher long ago.

□ (2) 彼らは学生でした。
They (was / were) students.

□ (3) あの赤ちゃんはかわいかったです。
That baby (is / was) cute.

□ (4) 私のおじは元気でした。
My uncle (were / was) fine.

□ (5) あの鳥たちは美しかったです。
Those birds (was / were) beautiful.

Q2 次の日本文に合うように，（　）内の語句を並べかえなさい。（6点×5=30点）

□ (1) 私の父は昔，サッカー選手でした。
(a / father / soccer player / was / my) long ago.

______________________________ long ago.

□ (2) 彼は医者でした。(a / doctor / he / was).

______________________________.

□ (3) あれは彼女の辞書でした。
(that / her / was / dictionary).

____.

□ (4) 彼らは忙(いそが)しかったです。
(busy / they / were).

____.

□ (5) あの絵は美しかったです。
(was / picture / beautiful / that).

____.

Q3 次の日本文を英語に直しなさい。 (10点×5=50点)

□ (1) 彼は先生でした。

____

□ (2) あの山（mountain）は美しかったです。

____

□ (3) 私たちはサッカー選手でした。

____

□ (4) 彼らは若かったです。

____

□ (5) あの学生たちは忙しかったです。

____

ポイント be 動詞の過去形

be 動詞の過去形を整理しましょう。

主語	現在	過去
I	am	was
he, she, it, 人名	is	
you, we, they, 複数	are	were

学習日 ( )月 ( )日　制限時間 30 分　答え→別冊 p.15　/100点

be 動詞「～がある，～がいる」

これまで学習した be 動詞〔am / are / is〕は「～です」という意味でしたが，「～がある，～がいる」という意味もあります。この意味の場合は，後ろに**場所を表す語句**がきます。ここでは，現在形と過去形をおさらいしながら，「～がある，～がいる」「～があった，～がいた」という文を練習しましょう。

〔**現在形**〕 **My mother is in the garden.**（母は庭にいます）
They are in the classroom.（彼らは教室にいます）

〔**過去形**〕 **I was in London last year.**（私は昨年はロンドンにいました）
These books were on the table.（これらの本はテーブルの上にありました）

Q1 次の文の(　　)内の正しいほうを選び，○で囲みなさい。 （4点×5=20点）

□ (1) 彼は公園にいます。
He (is / was) in the park.

□ (2) 彼女のお母さんは彼女の部屋にいます。
Her mother (was / is) in her room.

□ (3) トムは教室にいました。
Tom (is / was) in the classroom.

□ (4) あれらの本はテーブルの上にあります。
Those books (is / was / are) on the table.

□ (5) この犬はいすの下にいました。
This dog (is / was / were) under the chair.

Q2 次の日本文に合うように，(　　)内の語句を並べかえなさい。 (6点×5=30点)

□ (1) 彼は彼の部屋にいます。
(is / he / his room / in).

____.

□ (2) その女の子はベッドの上にいます。
(the / on / the girl / is / bed).

____.

□ (3) その生徒たちは教室にいました。
(were / the students / in / classroom / the).

____.

□ (4) 彼らは運動場にいました。
(the / they / on / were / playing field). playing field「運動場」

____.

□ (5) その犬はいすの上にいました。
(dog / the chair / was / the / on).

____.

Q3 次の日本文を英語に直しなさい。 (10点×5=50点)

□ (1) そのネコはベッドの上にいました。

____

□ (2) トム（Tom）は彼の部屋にいました。

____

□ (3) あれらの本はいすの下にあります。

____

□ (4) あの本はテーブルの上にありました。

____

□ (5) その生徒たちは公園にいました。

____

学習日 ◯月 ◯日 制限時間 30 分 答え→別冊 p.15 /100点

Was he [Were you] ～？(be 動詞過去形の疑問文)

be 動詞を使って「～は…でしたか」「～は…にありましたか，いましたか」とたずねる場合は，現在形の be 動詞の場合と同じように，**was / were を文頭に置き**ます。

His father **was** a tennis player ten years ago.
(彼のお父さんは 10 年前はテニス選手でした)

Was his father a tennis player ten years ago**?**
(彼のお父さんは 10 年前はテニス選手でしたか)

These notebooks **were** on the desk.
(これらのノートは机の上にありました)

Were these notebooks on the desk**?**
(これらのノートは机の上にありましたか)

Q1 次の文の(　　)内の正しいほうを選び，◯で囲みなさい。 (4点×5=20点)

□ (1) 彼は大工でしたか。
(Was / Is) he a carpenter?

□ (2) 彼女はこの部屋にいましたか。
(Was / Is) she in this room?

□ (3) それらの本はテーブルの上にありましたか。
(Were / Was) those books on the table?

□ (4) あなたたちは幸せでしたか。
(Was / Were) you happy?

□ (5) あの男性は親切でしたか。
(Were / Was) that man kind?

Q2 次の日本文に合うように，(　　)内の語を並べかえなさい。 (6点×5=30点)

□ (1) 彼は５年前は有名でしたか。
(he / was / famous) five years ago?

________________________________ five years ago?

□ (2) あのかぎは車の中にありましたか。
(that / in / was / key) the car?

________________________________ the car?

□ (3) 彼女は教室にいましたか。
(classroom / in / she / was / the)?

________________________________?

□ (4) その町は美しかったですか。
(was / that / beautiful / town)?

________________________________?

□ (5) その犬は大きかったですか。
(dog / was / big / the)?

________________________________?

Q3 次の日本文を英語に直しなさい。 (10点×5=50点)

□ (1) その本はいすの上にありましたか。

____

□ (2) あの女性は昔，医者でしたか。

____

□ (3) グリーン氏（Mr. Green）は忙(いそが)しかったですか。

____

□ (4) あのかぎはテーブルの上にありましたか。

____

□ (5) 彼らは教室にいましたか。

____

学習日 ◯ 月 ◯ 日　制限時間 30 分　答え→別冊 p.15　/100点

Was he [Were you] ~? の答え方

be 動詞の過去形を使った疑問文の答え方は，現在形の場合と形は同じです。「はい」の場合は〈**Yes, 主語 + was [were].**〉で，「いいえ」の場合は，〈**No, 主語 + was [were] not.**〉で答えます。was not は wasn't，were not は weren't という短縮形をよく使います。

Were you a student last year?（あなたは昨年学生でしたか）

— **Yes, I was.**（はい，そうでした）

— **No, I was not [wasn't].**（いいえ，そうではありませんでした）

Q1 次の文の（　　）内の正しいほうを選び，◯で囲みなさい。（4点×5=20点）

□ (1) トムは医者でしたか。— いいえ，そうではありませんでした。
Was Tom a doctor? — No, he (was not / were not).

□ (2) メアリーは幸せでしたか。— はい，そうでした。
Was Mary happy? — Yes, she (were / was).

□ (3) あなたたちは先生でしたか。— いいえ，そうではありませんでした。
Were you teachers? — No, (we weren't / you weren't).

□ (4) あなたは部屋にいましたか。— はい，いました。
Were you in your room? — Yes, (you were / I was).

□ (5) あの男性は親切でしたか。— いいえ，親切ではありませんでした。
Was that man kind? — No, (he wasn't / she wasn't).

Q2 次の日本文に合うように，（　　）内の語を並べかえなさい。（6点×5=30点）

□ (1) トムはコックでしたか。— いいえ，そうではありませんでした。
Was Tom a cook? — (not / , / he / no / was).

____.

□ (2) あなたたちは昔，先生でしたか。— はい，そうでした。
Were you teachers long ago? — (were / yes / , / we).

____.

□ (3) そのペンはテーブルの上にありましたか。— いいえ，ありませんでした。
Was the pen on the table? — (it / no / , / wasn't).

____.

□ (4) 生徒たちは元気でしたか。— はい，そうでした。
Were the students fine? — (were / they / yes / ,).

____.

□ (5) あの寺は美しかったですか。— いいえ，そうではありませんでした。
Was that temple beautiful? — (wasn't / no / , / it).

____.

Q3 次の日本文の下線部を英語に直しなさい。 （10点×5=50点）

□ (1) トムは先生でしたか。— いいえ，そうではありませんでした。
Was Tom a teacher?

____

□ (2) ボブとメアリーは昔，歌手でしたか。— はい，そうでした。
Were Bob and Mary singers long ago?

____

□ (3) 彼のお父さんは医者でしたか。— いいえ，そうではありませんでした。
Was his father a doctor?

____

□ (4) あなたはコックでしたか。— はい，そうでした。
Were you a cook?

____

□ (5) あの女性は元気でしたか。— いいえ，そうではありませんでした。
Was that woman fine?

____

学習日（　）月（　）日　制限時間 30 分　答え→別冊 p.16　　/100点

I was [You were] not ～.（be 動詞過去形の否定文）

現在形の be動詞と同じように，**was や were の後ろに not を置く**ことで「～ではありませんでした」「～がありませんでした，～がいませんでした」という意味になります。was not は wasn't に，were not は weren't という短縮形にすることもできます。

I was busy yesterday.（私は昨日，忙しかったです）

I was not [wasn't] busy yesterday.（私は昨日，忙しくありませんでした）

You were in the garden then.（あなたはそのとき庭にいました）

You were not [weren't] in the garden then.（あなたはそのとき庭にいませんでした）

Q1 次の文の（　）内の正しいほうを選び，○で囲みなさい。（4点×5=20点）

□ (1) 彼は医者ではありませんでした。
He (were not / was not) a doctor.

□ (2) 彼女はこの部屋にいませんでした。
She (was not / not was) in this room.

□ (3) それらの本はテーブルの上にありませんでした。
Those books (were not / was not) on the table.

□ (4) 私たちは幸せではありませんでした。
We (wasn't / weren't) happy.

□ (5) あの男性は親切ではありませんでした。
That man (weren't / wasn't) kind.

Q2 次の日本文に合うように，(　　)内の語句を並べかえなさい。 (6点×5=30点)

□ (1) 彼は忙しくありませんでした。
(not / busy / was / he).

____.

□ (2) あのかぎはテーブルの上にありませんでした。
(was / that key / on / not) the table.

__________________________________ the table.

□ (3) 彼らは教室にいませんでした。
(classroom / in / they / weren't / the).

____.

□ (4) あの男性は背が高くありませんでした。
(tall / that / wasn't / man).

____.

□ (5) その家は大きくありませんでした。
(not / was / house / the / large).

____.

Q3 次の日本文を英語に直しなさい。 (10点×5=50点)

□ (1) その本はテーブルの上にありませんでした。

____

□ (2) あの男性はエンジニア（engineer）ではありませんでした。

____

□ (3) デイビッド（David）は忙しくありませんでした。

____

□ (4) そのネコはいすの上にいませんでした。

____

□ (5) これらの生徒は教室にいませんでした。

____

学習日（　）月（　）日　制限時間 30 分　答え→別冊 p.16　／100点

過去進行形

「(過去のあるときに) ～していました」という意味を表す**過去進行形**を学習しましょう。進行形の形は〈be 動詞＋一般動詞の ing 形〉であることを，現在進行形のところで学習しました。過去進行形は，be 動詞を was，were にして，**〈was [were] ＋一般動詞の ing 形〉**という形で表します。ing 形の作り方はセクション㉗・㉘で確認しましょう。
過去進行形は，時を表す語句 then「そのとき」, at that time「そのとき」などといっしょに使うことが多いです。

I was playing the guitar then.　(私はそのときギターを弾（ひ）いていました)
was ＋一般動詞の ing 形

We were playing soccer at that time.
were ＋ 一般動詞の ing 形　(私たちはそのときサッカーをしていました)

Q1 次の文の(　　)内の正しいほうを選び，◯で囲みなさい。 (4点×5＝20点)

□ (1) 私はそのときラグビーをしていました。
I (am playing / was playing) rugby then.

□ (2) 彼らはそのときドラムを演奏していました。
They (were playing / was playing) the drums at that time.

□ (3) 彼のお父さんは車を洗っていました。
His father (were washing / was washing) the car.

□ (4) あなたはそのときペンを使っていました。
You (are using / were using) a pen at that time.

□ (5) メアリーは昨日の午後，川で泳いでいました。
Mary (is swimming / were swimming / was swimming) in the river yesterday afternoon.

Q2 次の日本文に合うように，(　　)内の語句を並べかえなさい。 (6点×5＝30点)

□ (1) 彼のお母さんはそのときフルートを演奏していました。
(mother / was / playing / flute / the / his) at that time.

＿＿＿＿＿＿＿＿＿＿＿＿＿＿＿＿＿＿＿＿ at that time.

□ (2) その女の子たちはそのとき公園で走っていました。
(the girls / running / the park / were / in) then.

＿＿＿＿＿＿＿＿＿＿＿＿＿＿＿＿＿＿＿＿ then.

□ (3) 私たちはリビングでテレビドラマを見ていました。
(were / watching / we / TV drama / a) in the living room.

＿＿＿＿＿＿＿＿＿＿＿＿＿＿＿＿＿＿＿＿ in the living room.

□ (4) 私は友だちにメールを書いていました。
(an / was / I / e-mail / writing) to my friend.

＿＿＿＿＿＿＿＿＿＿＿＿＿＿＿＿＿＿＿＿ to my friend.

□ (5) 私の娘(むすめ)は部屋で人形を作っていました。
(daughter / making / my / doll / a / was) in her room.

＿＿＿＿＿＿＿＿＿＿＿＿＿＿＿＿＿＿＿＿ in her room.

Q3 次の日本文を英語に直しなさい。 (10点×5＝50点)

□ (1) 彼らはそのとき野球をしていました。

＿＿＿＿＿＿＿＿＿＿＿＿＿＿＿＿＿＿＿＿

□ (2) 彼らはそのとき韓国語(かんこくご)（Korean）を話して（speak）いました。

＿＿＿＿＿＿＿＿＿＿＿＿＿＿＿＿＿＿＿＿

□ (3) 私はそのとき歴史（history）を勉強していました。

＿＿＿＿＿＿＿＿＿＿＿＿＿＿＿＿＿＿＿＿

□ (4) ケンは湖（lake）で泳いでいました。

＿＿＿＿＿＿＿＿＿＿＿＿＿＿＿＿＿＿＿＿

□ (5) その少年たちはそのとき公園で走っていました。

＿＿＿＿＿＿＿＿＿＿＿＿＿＿＿＿＿＿＿＿

学習日 ◯月 ◯日　制限時間 30分　答え→別冊 p.16　/100点

Were you ～ing?（過去進行形の疑問文）

過去進行形の疑問文「（過去のあるときに）～していましたか」は，be動詞を文頭に置いた〈**Was [Were] + 主語 + 一般動詞の ing 形 ～?**〉の形で表します。いろいろな動詞を用いて練習しましょう。

Was Bob using my computer then?
Was ＋ 主語 ＋ 一般動詞の ing 形 ～？　（ボブはそのとき私のコンピューターを使っていましたか）

Were they eating dinner at that time?
Were ＋ 主語 ＋ 一般動詞の ing 形 ～？　（彼らはそのとき夕食を食べていましたか）

「～は何をしていましたか」とたずねる場合は，〈**What was [were] + 主語 + 一般動詞の ing 形 ～?**〉にします。

Q1 次の文の（　　）内の正しいほうを選び，◯で囲みなさい。 （4点×5＝20点）

□ (1) あなたはそのときギターを弾（ひ）いていましたか。
(Were you playing / Are you playing) the guitar at that time?

□ (2) 彼はそのとき英語を勉強していましたか。
(Was he studying / Were he studying) English then?

□ (3) あの犬はそのとき公園を走っていましたか。
(Did that dog run / Was that dog running) in the park then?

□ (4) その女性はそのときいすに座っていましたか。
(Was the lady sitting / Was the lady sit) on the chair then?

□ (5) メアリーはそのとき何をしていましたか。
(What did Mary doing / What was doing Mary / What was Mary doing) then?

Q2 次の日本文に合うように，(　　)内の語句を並べかえなさい。 (6点×5＝30点)

□ (1) あなたはそのときスペイン語を話していましたか。
(you / speaking / were / Spanish) then?

____ then?

□ (2) そのネコはそのとき芝生(しばふ)に座っていましたか。
(sitting / the cat / was / the grass / on) at that time?

____ at that time?

□ (3) 彼らはそのとき教室を掃除(そうじ)していましたか。
(the / they / classroom / were / cleaning) then?

____ then?

□ (4) その男性はそのとき競技場のトラックを走っていましたか。
(man / running / the / was / on the track) at that time?

track「競技場のトラック」

____ at that time?

□ (5) 彼女はそのときギターを弾いていましたか。
(playing / she / guitar / was / the) then?

____ then?

Q3 次の日本文を英語に直しなさい。 (10点×5＝50点)

□ (1) エミリー（Emily）はそのときピアノを弾いていましたか。

____

□ (2) 彼らはそのときスペイン語を話していましたか。

____

□ (3) その男性はそのときそのいすに座っていましたか。

____

□ (4) その女性はそのときその教室を掃除していましたか。

____

□ (5) その少年たちはそのとき何をしていましたか。

____

セクション 50

学習日 ◯月 ◯日　制限時間 30 分　答え→別冊 p.16　/100点

Were you ~ing? の答え方

過去進行形の疑問文に「はい」と答えるときは〈**Yes, 主語＋was[were].**〉,「いいえ」と答えるときは〈**No, 主語＋was[were] not.**〉とします。was not は wasn't, were not は weren't と短縮形にすることができます。

Was Bob using my computer then?

（ボブはそのとき私のコンピューターを使っていましたか）

—**Yes, he was.**（はい，使っていました）

Yes,　主語 ＋ was[were].

Were they eating dinner at that time?

（彼らはそのとき夕食を食べていましたか）

—**No, they were not[weren't].**（いいえ，食べていませんでした）

No,　主語 ＋ was[were] not.

Q1 次の文の（　　）内の正しいほうを選び，◯で囲みなさい。（4点×5＝20点）

□ (1) あなたはそのときギターを弾（ひ）いていましたか。— はい，弾いていました。
Were you playing the guitar then? — Yes, I (was / were).

□ (2) 彼はそのとき英語を勉強していましたか。— はい，勉強していました。
Was he studying English then? — Yes, he (was / did).

□ (3) 彼女はそのとき公園を走っていましたか。— いいえ，走っていませんでした。
Was she running in the park then? — No, she (did not / was not).

□ (4) あの男性はそのときいすに座っていましたか。— はい，座っていました。
Was that man sitting on the chair then? —Yes, (he was / it was).

□ (5) あなたのお母さんはそのとき何をしていましたか。— ふろを掃除（そうじ）していました。
What was your mother doing then?
— She (was cleaning / was cleaned) the bathroom.

Q2 次の日本文に合うように，(　　)内の語を並べかえなさい。 (6点×5＝30点)

☐ (1) あなたはそのときフランス語を話していましたか。— はい，話していました。
Were you speaking French then? — (, / was / I / yes).

______________________________.

☐ (2) あの少女はそのとき芝生(しばふ)に座っていましたか。— いいえ，座っていませんでした。
Was that girl sitting on the grass then? — (, / no / she / not / was).

______________________________.

☐ (3) あなたのお母さんはそのとき部屋を掃除していましたか。— はい, 掃除していました。
Was your mother cleaning the room then? — (, / she / was / yes).

______________________________.

☐ (4) トムはそのとき競技場のトラックを走っていましたか。— いいえ，走っていませんでした。
Was Tom running on the track then? — (, / no / wasn't / he).

______________________________.

☐ (5) メアリーはそのときギターを弾いていましたか。— はい，弾いていました。
Was Mary playing the guitar then? — (, / yes / was / she).

______________________________.

Q3 次の日本文の下線部を英語に直しなさい。 (10点×5＝50点)

☐ (1) あなたはそのときピアノを弾いていましたか。— はい，弾いていました。

____

☐ (2) 彼はそのとき何をしていましたか。—夕食を食べていました。

____

☐ (3) あの少女はそのとき，そのいすに座っていましたか。— はい，座っていました。

____

☐ (4) ケンはそのとき，その教室を掃除していましたか。— いいえ，していませんでした。

____

☐ (5) その犬はそのとき，その公園を走っていましたか。— はい，走っていました。

____

セクション 51

学習日 ◯月 ◯日　制限時間 30 分　答え→別冊 p.17　/100点

I was not ～ing.（過去進行形の否定文）

「（過去のあるときに）～していませんでした」は〈was[were] not + 一般動詞の ing 形〉で表します。was not は wasn't, were not は weren't と短縮形にすることができます。いろいろな動詞を用いて練習してみましょう。

I was not[wasn't] playing soccer then.
was not ＋ 一般動詞の ing 形　（私はそのときサッカーをしていませんでした）

They were not[weren't] eating breakfast at that time.
were not ＋ 一般動詞の ing 形（彼らはそのとき朝食を食べていませんでした）

Q1 次の文の（　）内の正しいほうを選び，◯で囲みなさい。（4点×5＝20点）

□ (1) 私の弟はそのときラグビーをしていませんでした。
My brother (was not play / was not playing) rugby then.

□ (2) 彼のお姉さんはそのとき英語を勉強していませんでした。
His sister (was not studying / not studying) English at that time.

□ (3) メアリーはそのときパンケーキを作っていませんでした。
Mary (not making was / was not making) pancakes at that time.

□ (4) トムはそのとき辞書を使っていませんでした。
Tom (was not using / not was using) a dictionary then.

□ (5) その女の子は公園を走っていませんでした。
The girl (weren't running / wasn't running) in the park.

Q2 次の日本文に合うように，(　　)内の語を並べかえなさい。 (6点×5＝30点)

□ (1) 私の友だちはサッカーをしていませんでした。
(friends / playing / were / not / soccer / my).

______________________________________.

□ (2) 彼はそのときコンピューターを使っていませんでした。
(using / he / was / a / computer / not) then.

______________________________________ then.

□ (3) 私の娘(むすめ)はそのとき人形を作っていませんでした。
(a / daughter / doll / was / not / making / my) then.

______________________________________ then.

□ (4) 私の息子は部屋でメールを書いていませんでした。
(writing / my / wasn't / an / e-mail / son) in his room.

______________________________________ in his room.

□ (5) 彼らはそのとき数学を勉強していませんでした。
(studying / they / weren't / math) then.

______________________________________ then.

Q3 次の日本文を英語に直しなさい。 (10点×5＝50点)

□ (1) 彼は友だちと野球をしていませんでした。

____

□ (2) 私たちは公園を走っていませんでした。

____

□ (3) 彼女の娘はそのとき手紙を書いていませんでした。

____

□ (4) 私の息子はそのとき彼の辞書を使っていませんでした。

____

□ (5) メアリーはそのとき朝食を作っていませんでした。

____

確認テスト 4

学習日　月　日　答え → 別冊 p.17

制限時間 45 分　/100点

出題範囲 セクション36～51

1 次の文の(　　)に，[　　]の語を正しい形にして入れなさい。 (3点×6=18点)

□ (1) He (　　　　　　) a soccer game yesterday.　[watch]

□ (2) My mother (　　　　　　) a cake last Sunday.　[make]

□ (3) David (　　　　　　) with Mr. Smith last night.　[talk]

□ (4) We (　　　　　　) a meeting last week.　[have]

□ (5) They (　　　　　　) to Korea last month.　[go]

□ (6) She (　　　　　　) math in the library last month.　[study]

2 次の語の下線部の発音が，[d(ドゥ)]ならア，[t(トゥ)]ならイ，[id(イドゥ)]ならウを入れなさい。 (2点×6=12点)

□ (1) wash<u>ed</u>　(　　　　)　□ (2) studi<u>ed</u>　(　　　　)

□ (3) call<u>ed</u>　(　　　　)　□ (4) need<u>ed</u>　(　　　　)

□ (5) want<u>ed</u>　(　　　　)　□ (6) watch<u>ed</u>　(　　　　)

3 次の文を，(　　)内の指示に従って書きかえなさい。 (4点×5=20点)

□ (1) I go to the park.　(文末に yesterday を加えて)

____

□ (2) Is he studying English?　(文末に at that time を加えて)

____

□ (3) They don’t call Mr. Brown.　(文末に last week を加えて)

____

□ (4) Mike was playing in the park then.　(疑問文にして yes で答える)

____________________ — ____________

□ (5) They aren’t busy now.　(now を last night に変えて)

____

4 次の文の(　　)に適する語を下から選び，過去形にして書きなさい。ただし，同じ語を２回以上使わないこと。 (3点×6=18点)

☐ (1) We (　　　　) him to the party.

☐ (2) They (　　　　) soccer in the park.

☐ (3) Yui (　　　　) English very hard.

☐ (4) My brother (　　　　) his friend in London.

☐ (5) We (　　　　) to Hokkaido three years ago.

☐ (6) I (　　　　) a red car.

play / go / invite / visit / have / study

5 次の日本文に合うように，(　　)内の語を並べかえなさい。 (5点×4=20点)

☐ (1) 彼はそのとき音楽を聞いていました。
(listening / he / music / to / was) at that time.

______________________________ at that time.

☐ (2) 私の母は昨晩，何もしませんでした。
(mother / do / didn't / my / anything) last night.

______________________________ last night.

☐ (3) 私の兄は昨晩，宿題をしませんでした。
(my / do / brother / didn't / homework / his) last night.

______________________________ last night.

☐ (4) 彼女は今朝，図書館にいました。
(was / she / the / in / this / library) morning.

______________________________ morning.

6 次の日本文を英語に直しなさい。 (6点×2=12点)

☐ (1) あなたはそのとき彼と話をしていたのですか。— いいえ，していませんでした。

______________________________ — ____________________

☐ (2) 彼女は先週，学校へ行きましたか。

____

学習日 ◯ 月 ◯ 日　制限時間 30 分　答え→別冊 p.18　/100点

疑問詞 what ①

what は「**何**」という意味で，疑問を表すため「疑問詞」と呼ばれます。疑問詞の what は**文の先頭に置く**ことを覚えておきましょう。what を文頭に置いたとき，主語と動詞は，これまでに学習してきた疑問文の形になります。

He plays soccer after school.（彼は放課後にサッカーをします）

↓

What does he play after school?（彼は放課後に何をしますか）

Q1 次の文の（　　）内の正しいほうを選び，◯で囲みなさい。（4点×5=20点）

□ (1) 昨日あなたは何を食べましたか。
What (did you eat / you ate) yesterday?

□ (2) あなたのお姉さんは今，何をしていますか。
What (is your sister / your sister is) doing now?

□ (3) あなたのお兄さんは学校で何を勉強しますか。
What (your brother studies / does your brother study) at school?

□ (4) 彼らは昨日，何を作りましたか。
What (did they make / they made) yesterday?

□ (5) 彼は何を言っていますか。
What (he is saying / is he saying)?

Q2 次の日本文に合うように，（　　）内の語を並べかえなさい。（6点×5=30点）

□ (1) 彼は今，何を書いていますか。
What (writing / he / is) now?

What ______________________________ now?

□ (2) あなたは昨日，何を読みましたか。
What (read / yesterday / did / you)?

What ______________________________?

□ (3) あなたのお兄さんは昨日，何を勉強しましたか。
What (brother / study / did / your / yesterday)?

What ＿＿＿＿＿＿＿＿＿＿＿＿＿＿＿＿＿＿＿＿＿＿＿＿＿＿＿＿＿＿＿?

□ (4) 彼女は毎週日曜日に何をしますか。
(does / do / she / what) on Sundays?

＿＿＿＿＿＿＿＿＿＿＿＿＿＿＿＿＿＿＿＿＿＿＿＿＿＿＿＿＿ on Sundays?

□ (5) トムは手に何を持っていますか。
(have / what / Tom / does) in his hands?

＿＿＿＿＿＿＿＿＿＿＿＿＿＿＿＿＿＿＿＿＿＿＿＿＿＿＿＿＿ in his hands?

Q3 次の日本文を英語に直しなさい。 （10点×5=50点）

□ (1) 彼女は昨日何を作りましたか。

＿＿＿＿＿＿＿＿＿＿＿＿＿＿＿＿＿＿＿＿＿＿＿＿＿＿＿＿＿＿＿＿＿＿

□ (2) あなたは今何を読んでいますか。

＿＿＿＿＿＿＿＿＿＿＿＿＿＿＿＿＿＿＿＿＿＿＿＿＿＿＿＿＿＿＿＿＿＿

□ (3) あなたの妹は何を勉強しますか。

＿＿＿＿＿＿＿＿＿＿＿＿＿＿＿＿＿＿＿＿＿＿＿＿＿＿＿＿＿＿＿＿＿＿

□ (4) あなたは昨日何をしましたか。

＿＿＿＿＿＿＿＿＿＿＿＿＿＿＿＿＿＿＿＿＿＿＿＿＿＿＿＿＿＿＿＿＿＿

□ (5) あなたは手に何を持っていますか。

＿＿＿＿＿＿＿＿＿＿＿＿＿＿＿＿＿＿＿＿＿＿＿＿＿＿＿＿＿＿＿＿＿＿

ポイント 〈What＋現在進行形 ～？〉〈What can ～？〉

- **what に現在進行形の疑問文が続く場合**
  〈What＋be 動詞＋主語＋一般動詞の ing 形 ～?〉
  What are you doing now? （あなたは今，何をしているところですか）
- **what に can の疑問文が続く場合**
  〈What can＋主語＋一般動詞の原形 ～?〉
  What can you see from this room? （この部屋から何が見えますか）

学習日（　）月（　）日　制限時間 30 分　答え→別冊 p.18　/100点

疑問詞 what ②

〈What + 名詞 ～ ?〉で「どんな～」や「何の～」の意味になります。名詞の後ろには，疑問文の形が続きます。

What animal do you like?（あなたは何の動物が好きですか）
what ＋名詞

What song can you sing?（あなたは何の歌を歌えますか）
what ＋名詞

Q1 次の文の（　）内の正しいほうを選び，○で囲みなさい。（4点×5=20点）

□ (1) あなたは何のスポーツが好きですか。
(What sport / Sport what) do you like?

□ (2) 彼は何の果物を食べているところですか。
(Fruit what / What fruit) is he eating?

□ (3) メアリーは学校で何の教科を勉強しますか。
(What subject does / What does subject) Mary study at her school?
subject「教科」

□ (4) その少年は何色が好きでしたか。
(What color the boy liked / What color did the boy like)?

□ (5) あなたはそこで何の映画を見ましたか。
(What movie did you watch / What you watched movie) there?

Q2 次の日本文に合うように，（　）内の語を並べかえなさい。（6点×5=30点）

□ (1) あなたは何色が好きですか。
What (you / like / do / color)?

What ______________________________?

□ (2) あなたのお兄さんは昨日，どんな果物を食べましたか。
(did / what / fruit / brother / eat / your) yesterday?

____ yesterday?

□ (3) ここにはどんな動物がいましたか。
(animal / what / was) here?

____ here?

□ (4) あなたのお父さんはどんなスポーツをしますか。
(does / sport / your / father / do / what)?

____?

□ (5) 彼は今，何の教科を勉強しているところですか。
(what / now / studying / subject / he / is)?

____?

Q3 次の日本文を英語に直しなさい。 (10点×5=50点)

□ (1) あなたは何の教科が好きですか。

____

□ (2) 彼は昨晩，何の映画を見ましたか。

____

□ (3) その女の子は何色が好きでしたか。

____

□ (4) そこにはどんな動物がいましたか。

____

□ (5) 彼は昨日，どんな果物を食べましたか。

____

セクション 54

学習日 ◯月 ◯日　制限時間 30 分　答え→別冊 p.18　/100点

What time ～?

What time を使って，「**何時（に）**」と時刻をたずねる疑問文を作ることができます。What time の後ろは疑問文の形になることに注意して練習しましょう。

What time is it?（何時ですか）

What time does your father get up?（あなたのお父さんは何時に起きますか）

Q1 次の文の(　　)内の正しいほうを選び，◯で囲みなさい。（4点×5=20点）

□ (1) 何時ですか。
(What time / Time what) is it?

□ (2) あなたは何時に起きますか。
(What time you / What time do you) get up?

□ (3) メアリーは昨日，何時に寝(ね)ましたか。
(What time did / What time does) Mary go to bed yesterday?

□ (4) 彼らは何時に学校に来ますか。
(What do they time / What time do they) come to school?

□ (5) その事故は何時に起こりましたか。
(What time did the accident / What time the accident did) happen?

accident「事故」

Q2 次の日本文に合うように，(　　)内の語句を並べかえなさい。（6点×5=30点）

□ (1) 今何時ですか。(what / it / is / time) now?

______________________________ now?

□ (2) 彼らは何時に学校に来ましたか。
What (time / come / did / they) to school?

What ______________________________ to school?

□ (3) メアリーは毎週日曜日は何時に起きますか。
(get up / what / does / time / Mary) on Sundays?

______________________________ on Sundays?

□ (4) 何時に地震（じしん）は起きましたか。
(what / the earthquake / time / happen / did)?　earthquake「地震」

______________________________?

□ (5) あなたは昨晩何時に寝ましたか。
(what / go to bed / time / did / night / last / you)?

______________________________?

Q3 次の日本文を英語に直しなさい。（10点×5=50点）

□ (1) ロンドン（London）では今，何時ですか。

____

□ (2) メアリー（Mary）は昨晩，何時に寝ましたか。

____

□ (3) 彼は昨日，何時に学校に来ましたか。

____

□ (4) そこでは何時に地震が起きましたか。

____

□ (5) あなたは毎週日曜日は何時に起きますか。

____

ポイント What time ～？の答え方

「何時ですか」とたずねられたら，it を主語にして〈It is ＋時刻 .〉で答えます。一方，「何時に～しますか」とたずねられたら，前置詞の at を用いた〈at ＋時刻〉で答えます。

What time is it in New York now?（ニューヨークは今，何時ですか）
— **It is** four o'clock.（４時です）
What time do you go to bed?（あなたは何時に寝ますか）
— (I go to bed) **at eleven** (o'clock).（私は 11 時に寝ます［11 時です］）
省略可能　省略可能

学習日 月 日　制限時間 30 分　答え→別冊 p.18　/100点

疑問詞 who ①

who は「**だれ，だれが**」という意味の疑問詞です。who は 3 人称単数なので，後ろに続く動詞が現在形の場合，be 動詞は is を使い，一般動詞は s や es をつけた形にします。

Who is he?（彼はだれですか）

— **He is John.**（彼はジョンです）

Who is playing the piano?（だれがピアノを弾いているところですか）

— **My sister is.**（私の姉です）

Who uses this computer?（だれがこのコンピューターを使いますか）

— **My brother does.**（私の兄です）

*答えの文では uses ではなく does に変えます。

Q 1 次の文の(　　)内の正しいほうを選び，○で囲みなさい。（4点×5=20点）

□ (1) だれが今テレビを見ているところですか。
(Who is watching / Who watching) TV now?

□ (2) だれが歌を歌っているところですか。
(Who singing / Who is singing) a song?

□ (3) だれがここで英語を勉強するのですか。
(Who studies / Who does study) English here?

□ (4) だれが昨日，図書館にいたのですか。
(Who was / Who did) in the library yesterday?

□ (5) だれがそう言ったのですか。
(Who did said / Who said) so?

Q2 次の日本文に合うように，(　　)内の語句を並べかえなさい。　(6点×5=30点)

□ (1) だれが今英語を勉強しているところですか。
(English / is / who / studying) now?

____ now?

□ (2) だれが昨晩この辞書を使ったのですか。
(used / who / dictionary / this) last night?

____ last night?

□ (3) だれが今その映画を見ているところですか。
(is / the movie / who / watching) now?

____ now?

□ (4) だれがそうしたのですか。
(did / so / who)?

____?

□ (5) だれがあなたを好きなのですか。
(likes / you / who)?

____?

Q3 次の日本文を英語に直しなさい。　(10点×5=50点)

□ (1) だれがあなたのお父さんを知っていますか。

____

□ (2) だれが今，数学（math）を勉強しているところですか。

____

□ (3) だれが公園にいるのですか。

____

□ (4) だれが昨晩，あなたに会ったのですか。

____

□ (5) だれがあなたのお兄さんを愛しているのですか。

____

学習日　月　日　制限時間 30 分　答え→別冊 p.19　/100点

疑問詞 who ②

who には「**だれを，だれに**」という意味もあります。what「何を」のときと同じように，後ろは疑問文の語順になります。whom という単語も同じ意味ですが，現在ではあまり使われることはなく，who を用いることが多いです。ここでは，各問題に1問だけ whom を出題しています。

Who [Whom] did your father meet yesterday?
（あなたのお父さんは昨日，だれに会いましたか）

— He met my friend.（彼は私の友人に会いました）

Q1 次の文の(　　)内の正しいほうを選び，○で囲みなさい。（4点×5=20点）

□ (1) あなたはだれが好きですか。
(Who / Who do) you like?

□ (2) あなたは昨日だれに会いましたか。
(Who did you meet / Who you met) yesterday?

□ (3) 彼は今，だれに英語を教えているところですか。
(Who is he / Who he is) teaching English now?

□ (4) 彼女はだれを愛していますか。
(Who do / Who does) she love?

□ (5) あなたのお父さんはだれをよく知っていますか。
(Whom does your father know / Whom your father knows) well?

Q2 次の日本文に合うように，(　　)内の語を並べかえなさい。 (6点×5=30点)

□ (1) 彼はだれのことを愛していますか。
Who (he / does / love)?

Who ______________________________?

□ (2) あなたは昨晩，だれに会いましたか。
(you / who / did / meet) last night?

______________________________ last night?

□ (3) メアリーはだれをよく知っていますか。
(who / does / know / Mary) well?

______________________________ well?

□ (4) あなたのお姉さんはだれに英語を教えましたか。
(teach / English / did / sister / your / who) to?

______________________________ to?

□ (5) 彼らはだれが好きなのですか。
(like / whom / they / do)?

______________________________?

Q3 次の日本文を英語に直しなさい。(1)～(4)ではwho，(5)ではwhomを使うこと。
(10点×5=50点)

□ (1) あなたはだれを愛していますか。

____

□ (2) あなたのお父さんは昨日，だれに会いましたか。

____

□ (3) あなたのお姉さんはだれをよく知っていますか。

____

□ (4) 彼はだれに英語を教えますか。

______________________________ to?

□ (5) 彼女はだれが好きですか。

____

学習日 月 日 制限時間 30分 答え→別冊 p.19 /100点

疑問詞 whose

whoseは「**だれの**」という意味の疑問詞です。〈**Whose＋名詞 ～ ?**〉で「～はだれの…ですか」となります。また，whoseを単独で使うと「**だれのもの**」という意味になります。どちらの場合も，後ろに疑問文の形が続きます。

Whose bag is this?（これはだれのかばんですか）
whose＋名詞

Whose bags are these?（これらはだれのかばんですか）

Whose is this bag?（このかばんはだれのものですか）

Q1 次の文の(　　)内の正しいほうを選び，○で囲みなさい。（4点×5=20点）

□ (1) これはだれのペンですか。
(Whose pen / Who pen) is this?

□ (2) あれはだれの辞書ですか。
(Whose dictionary is / Whose is dictionary) that?

□ (3) これらはだれの本ですか。
(Whose books / Whose book) are these?

□ (4) あなたはだれのコンピューターを使ったのですか。
(Whose computer you / Whose computer did you) use?

□ (5) 彼はだれの日記を読んでいるところですか。
(Who diary he is / Whose diary is he) reading?

Q2 次の日本文に合うように，(　　)内の語を並べかえなさい。（6点×5=30点）

□ (1) あれはだれの自転車ですか。Whose (that / bike / is)?

Whose ______________________________?

□ (2) これらはだれの車ですか。(are / whose / cars / these)?

______________________________?

□ (3) あなたはだれのペンを使っているところですか。
(whose / using / you / pen / are)?

____?

□ (4) 彼女はだれの辞書を借りましたか。
(dictionary / borrow / whose / she / did)? borrow「借りる」

____?

□ (5) だれの本がおもしろいですか。
(book / interesting / whose / is)?

____?

Q3 次の日本文を英語に直しなさい。 (10点×5=50点)

□ (1) あれらはだれのコンピューターですか。

____

□ (2) あれはだれの家ですか。

____

□ (3) 彼女はだれの辞書を使っているところですか。

____

□ (4) あちらはだれのお母さんですか。

____

□ (5) だれの話（story）がおもしろかったですか。

____

ポイント Whose ～？の答え方

〈Whose＋名詞＋be動詞～？〉や〈Whose＋be動詞～？〉の疑問文は，だれのものかをたずねているので，Yes，Noを使わずに「～のものです」と答えます。

Whose camera is this? — It's mine [hers]. （私の［彼女の］です）
— It's Jim's. （ジムのです）

学習日 ◯ 月 ◯ 日　制限時間 30 分　答え→別冊 p.19　/100点

How many ～?

how many は「**いくつ**」と数をたずねるときに用います。**〈How many + 名詞の複数形 ～?〉**の形になるので，how と many をセットにして使うことと，そのあとに続く名詞は複数形になる点に注意しましょう。

How many sisters do you have?　(あなたは何人の姉妹がいますか)
複数形

また，〈How many + 名詞の複数形 ～?〉は「いくつの～が，何人の～が」と文の主語になることもあります。

How many boys are playing soccer?　(何人の少年がサッカーをしていますか)

Q1 次の文の(　　)内の正しいほうを選び，◯で囲みなさい。　(4点×5=20点)

□ (1) あなたは何本のペンを持っていますか。
(How many pens / How pens many) do you have?

□ (2) あなたは何冊の辞書をもらいましたか。
(How many dictionaries / How many dictionary) did you get?

□ (3) 彼女は何人の兄弟がいますか。
(How many brothers does / How many brothers do) she have?

□ (4) 公園では何人の少年が走っているところですか。
(How many boys is / How many boys are) running in the park?

□ (5) 何人の訪問者がその庭園に来ましたか。
How many (visitors came / did visitors come) to the garden?

Q2 次の日本文に合うように，(　　)内の語を並べかえなさい。　(6点×5=30点)

□ (1) あなたは何冊の本を持っていますか。
How many (you / books / do / have)?

How many ______________________________?

□ (2) あなたはいくつの国を知っていますか。
How (do / countries / you / know / many)?

How ＿＿＿＿＿＿＿＿＿＿＿＿＿＿＿＿＿＿＿＿＿＿＿＿＿＿＿＿＿＿＿＿＿＿＿？

□ (3) あなたのお父さんは何台の車を持っていますか。
(cars / have / your / many / father / how / does)?

＿＿＿＿＿＿＿＿＿＿＿＿＿＿＿＿＿＿＿＿＿＿＿＿＿＿＿＿＿＿＿＿＿＿＿＿＿＿＿？

□ (4) 何匹(なんびき)の犬が公園を走っているところですか。
(in / dogs / how / running / many / are / the) park?

＿＿＿＿＿＿＿＿＿＿＿＿＿＿＿＿＿＿＿＿＿＿＿＿＿＿＿＿＿＿＿＿＿＿＿ park?

□ (5) 何人の女の子がここにやってきましたか。(how / girls / many / came) here?

＿＿＿＿＿＿＿＿＿＿＿＿＿＿＿＿＿＿＿＿＿＿＿＿＿＿＿＿＿＿＿＿＿＿＿ here?

Q3 次の日本文を英語に直しなさい。

(10点×5=50点)

□ (1) 彼女は何人の姉妹がいますか。

＿＿＿＿＿＿＿＿＿＿＿＿＿＿＿＿＿＿＿＿＿＿＿＿＿＿＿＿＿＿＿＿＿＿＿＿＿＿＿

□ (2) あなたは何匹の犬を飼っていますか。

＿＿＿＿＿＿＿＿＿＿＿＿＿＿＿＿＿＿＿＿＿＿＿＿＿＿＿＿＿＿＿＿＿＿＿＿＿＿＿

□ (3) あなたは昨日，何冊の辞書を使いましたか。

＿＿＿＿＿＿＿＿＿＿＿＿＿＿＿＿＿＿＿＿＿＿＿＿＿＿＿＿＿＿＿＿＿＿＿＿＿＿＿

□ (4) 何人の少年が今，野球をしているところですか。

＿＿＿＿＿＿＿＿＿＿＿＿＿＿＿＿＿＿＿＿＿＿＿＿＿＿＿＿＿＿＿＿＿＿＿＿＿＿＿

□ (5) 何人の訪問者がその寺（temple）に来ましたか。

＿＿＿＿＿＿＿＿＿＿＿＿＿＿＿＿＿＿＿＿＿＿＿＿＿＿＿＿＿＿＿＿＿＿＿＿＿＿＿

ポイント How many ～？の答え方

How many ～？に答えるとき，数のあとの名詞を省いたり，数だけで答えたりできます。

How many cats do you have?（あなたは何匹のネコを飼っていますか）

— I have two cats. / I have two. / Two.（２匹飼っています）

学習日　月　日　制限時間 30 分　答え→別冊 p.19　/100点

How much ～?

how much は「**いくら**」と金額をたずねるときに用います。

How much is this hat?（この帽子(ぼうし)はいくらですか）

— It is 2,000 yen.（2,000 円です）

Q1 次の文の(　　)内の正しいほうを選び，○で囲みなさい。 （4点×5=20点）

□ (1) このジャケットはいくらですか。
(How much / Much how) is this jacket?

□ (2) あなたはいくら払(はら)いましたか。
(How much / How many) did you pay?　pay「～を支払う」

□ (3) そのコンピューターはいくらでしたか。
How much (is that / was that) computer?

□ (4) このくつはいくらですか。
How much (is / are) these shoes?

□ (5) それはいくら（費用が）かかりますか。
How much (does / are) it cost?　cost「（費用が）かかる」

Q2 次の日本文に合うように，(　　)内の語を並べかえなさい。 (6点×5=30点)

□ (1) この辞書はいくらですか。
(dictionary / how / this / much / is)?

______________________________?

□ (2) これらのコンピューターはいくらですか。
(these / computers / are / much / how)?

______________________________?

□ (3) それはいくらですか。
(it / is / much / how)?

______________________________?

□ (4) トムはこのカメラにいくら払いましたか。
(did / pay / much / how / Tom) for this camera?

______________________________ for this camera?

□ (5) 家賃はいくらでしたか。
(how / was / much / rent / the)? rent「家賃」

______________________________?

Q3 次の日本文を英語に直しなさい。 (10点×5=50点)

□ (1) このコンピューターはいくらですか。

____

□ (2) あれらはいくらですか。

____

□ (3) あれはいくら（費用が）かかりましたか。

____

□ (4) あなたはこのカメラにいくら払いましたか。

____

□ (5) あの車はいくらでしたか。

____

学習日　月　日　制限時間 30 分　答え→別冊 p.20　/100点

疑問詞 how, How old ～? など

how を単独で用いると「**どのように，どうやって**」といった意味になります。how のあとにはふつうの疑問文が続きます。

How do they eat this fruit?（彼らはこの果物をどのように食べますか）

また how のあとに，long や tall，far などの形容詞を続けて，長さ，身長，距離（きょり）などをたずねることができます。

How tall ～？	身長	**How long ～？**	長さ・期間
How old ～？	年齢（ねんれい）	**How far ～？**	距離

Q1 次の文の(　　)内の正しいほうを選び，○で囲みなさい。（4点×5=20点）

□ (1) 彼女の身長はどのくらいですか。― 150 センチです。

(How tall / How long) is she?
― She is one hundred and fifty centimeters tall.

□ (2) 彼らは何歳（なんさい）ですか。― 15 歳です。

(How old / How tall) are they?
― They are fifteen years old.

□ (3) あなたはどうやって学校へ行きますか。― 自転車で行きます。

(What / How) do you go to school?
― By bike.

□ (4) ここから駅までどのくらいの距離ですか。― 約 5 キロです。

(How far / How long) is it from here to the station?
― About five kilometers.

□ (5) あなたはどのくらいの期間日本に滞在（たいざい）しましたか。―1 週間です。

(How old / How long) did you stay in Japan?
― For one week.

Q2 次の日本文に合うように，(　　)内の語を並べかえなさい。 (6点×5=30点)

□ (1) あなたは何歳ですか。
(are / you / how / old)?

______________________________?

□ (2) あなたはどのように英語を学んだのですか。
(did / learn / how / you / English)?

______________________________?

□ (3) 私たちはどのようにしてそこへ行くことができますか。
(can / how / we / there / go)?

______________________________?

□ (4) あなたたちはこの果物をどのように食べますか。
(you / do / this / eat / fruit / how)?

______________________________?

□ (5) ケンはアメリカにどのくらい滞在しましたか。
(Ken / long / stay / did / how / in) America?

______________________________ America?

Q3 次の日本文を英語に直しなさい。 (10点×5=50点)

□ (1) 彼女はそのとき何歳でしたか。

____

□ (2) あなたの家から図書館(library)まではどれくらいの距離ですか。(主語に it を使う)

____

□ (3) 彼の身長はどのくらいですか。

____

□ (4) 彼らはどれくらいの期間そこに滞在しましたか。

____

□ (5) 彼はどうやって学校へ行きますか。

____

学習日 ◯月 ◯日　制限時間 30 分　答え→別冊 p.20　/100点

疑問詞 where

where は「**どこ**」と場所をたずねるときに用いる疑問詞です。

Where are your brothers?（あなたのお兄さんたちはどこにいますか）

— **They are in their room.**（彼らの部屋にいます）

Q1 次の文の(　　)内の正しいほうを選び，◯で囲みなさい。（4点×5=20点）

□ (1) 彼女はどこにいますか。
(Where does / Where is) she?

□ (2) あなたはどこに行くところですか。
(Where do / Where are) you going?

□ (3) そのとき彼らはどこにいましたか。
Where (were they / did they) at that time?

□ (4) 彼らは昨日，どこに行きましたか。
Where (did they go / they went / did they went) yesterday?

□ (5) 彼女はこのケーキをどこで手に入れましたか。
Where (she got / did she get / did she got) this cake?

Q2 次の日本文に合うように，(　　)内の語を並べかえなさい。（6点×5=30点）

□ (1) その犬はどこにいましたか。
(the / where / was / dog)?

____?

□ (2) 彼らはどこで勉強をしているところですか。
(they / studying / are / where)?

____?

□ (3) 彼らはどこでそれらの本を買いましたか。
(those / did / where / books / they / buy)?

______________________________?

□ (4) 彼はどこに行くところですか。
(is / he / going / where)?

______________________________?

□ (5) あなたのお父さんはどこで働いていますか。
(where / father / your / does / work)?

______________________________?

Q3 次の日本文を英語に直しなさい。 (10点×5=50点)

□ (1) 彼女はどこにいましたか。

____

□ (2) 彼らは今どこで野球をしているところですか。

____

□ (3) あなたたちはどこに行くところですか。

____

□ (4) あなたのお兄さんはどこで働いていますか。

____

□ (5) あなたはどこでこの本を買いましたか。

____

ポイント Where ～？の答え方

Where ～？は「どこ」と場所をたずねているので，〈主語＋動詞＋場所を表す語句 .〉で答えます。

Where **was the key?** （かぎはどこにありましたか）
— **It was on my desk.** （私の机の上にありました）

セクション 62

学習日 〇月 〇日　制限時間 30 分　答え→別冊 p.20　/100点

疑問詞 when

when は「**いつ**」と時をたずねるときに用いる疑問詞です。what time が時刻を聞くのに対して，when はもう少し広い範囲(はんい)の時をたずねるときに用います。

When is your birthday?（あなたの誕生日はいつですか）

— It is April 1.（4月1日です）

Q1 次の文の(　　)内の正しいほうを選び，〇で囲みなさい。（4点×5=20点）

□ (1) 彼の誕生日はいつですか。
(When is / Where is) his birthday?

□ (2) あなたたちの結婚(けっこん)記念日はいつですか。
When (is / do) your wedding anniversary?
wedding anniversary「結婚記念日」

□ (3) 彼らはいつ，仕事を始めましたか。
When (were they / did they) start their jobs?

□ (4) 彼らはいつ，アメリカに行きましたか。
When (did they go / they went) to the U.S.?

□ (5) 彼女はいつ，このコンピューターを手に入れましたか。
When (she got / did she get) this computer?

Q2 次の日本文に合うように，(　　)内の語句を並べかえなさい。 (6点×5=30点)

□ (1) あなたのお姉さんの誕生日はいつですか。
(is / birthday / when / your sister's)?

____?

□ (2) 卒業式はいつですか。
(is / the / graduation ceremony / when)?　　graduation ceremony「卒業式」

____?

□ (3) 彼らはいつ，イギリスに行きましたか。
(the U.K. / they / did / when / to / go)?　　the U.K.「イギリス」

____?

□ (4) あなたの学校はいつ始まりますか。
(does / your / when / school / begin)?

____?

□ (5) 日本ではいつ，春はやってきますか。
(when / spring / come / does) in Japan?

____________________________________ in Japan?

Q3 次の日本文を英語に直しなさい。 (10点×5=50点)

□ (1) 彼女の誕生日はいつですか。

____

□ (2) あなたはいつ，この本を買いましたか。

____

□ (3) あの男性はいつ，イギリスに行きましたか。

____

□ (4) 彼女はいつ，あの本を手に入れましたか。

____

□ (5) あなたはいつ，あなたの仕事を始めましたか。

____

学習日 月 日　制限時間 30 分　答え→別冊 p.20　/100点

疑問詞 why

why は，「**なぜ**」と理由や目的をたずねるときに用いる疑問詞です。why のあとには疑問文の形が続きます。

Why did you go to the party?
（なぜあなたはパーティーに行ったのですか）

Q1 次の文の（　）内の正しいほうを選び，◯で囲みなさい。（4点×5=20点）

□ (1) なぜあなたは公園にいたのですか。
(Why were / Where were) you in the park?

□ (2) なぜあなたは英語を勉強するのですか。
(How / Why) do you study English?

□ (3) なぜ彼らは今，泣いているのですか。
Why (are they / did they) crying now?

□ (4) なぜ彼女はイギリスに行ったのですか。
(When / Why) did she go to the U.K.?

□ (5) なぜケイトはこのカードを手に入れたのですか。
Why (Kate got / did Kate get) this card?

Q2 次の日本文に合うように，（　）内の語を並べかえなさい。（6点×5=30点）

□ (1) なぜあの少年はそこに立っているのですか。
(boy / that / is / why / standing) there?

______________________________ there?

□ (2) なぜあなたたちは韓国語（かんこくご）を勉強するのですか。
(you / Korean / do / why / study)?

______________________________?

□ (3) なぜあの女性はパリへ行ったのですか。
(that / did / why / to / woman / go) Paris?

______________________________ Paris?

□ (4) なぜ今あの犬はほえているのですか。
(why / barking / dog / that / is) now? bark「ほえる」

______________________________ now?

□ (5) なぜあの生徒たちは図書館にいるのですか。
(those / why / in / are / students) the library?

______________________________ the library?

Q3 次の日本文を英語に直しなさい。 (10点×5=50点)

□ (1) なぜあの男性は公園にいるのですか。

□ (2) なぜあなたたちは英語を勉強するのですか。

□ (3) なぜ彼はこの自転車を買ったのですか。

□ (4) なぜメアリー（Mary）は今，泣いているのですか。

□ (5) なぜ彼女はそこにいたのですか。

ポイント Why ～？の答え方

Why ～?「なぜ～か」とたずねられて「理由」を答えるときは，Because ～.「～だから」で答えます。「目的」を答えるときは，〈to＋動詞の原形〉「～するため」で答えることもできます。（この表現は２年生で学習します。）

Why do you like baseball? （なぜあなたは野球が好きなのですか）
— **Because it is fun.** （おもしろいからです）
Why did you go to the library? （なぜあなたは図書館に行ったのですか）
— **To study.** （勉強するためです）

学習日 〇月 〇日　制限時間 30 分　答え→別冊 p.21　/ 100点

疑問詞を使った疑問文の答え方

セクション52～63で学習した疑問詞を復習しましょう。答えの文を見て，どの疑問詞を使った文の答えかをすぐに判断できるようにしておきましょう。

答えの内容	→	疑問詞	答えの内容	→	疑問詞
「人」	→	who / whom	「所有者」	→	whose
「もの」	→	what	「場所」	→	where
「時刻」	→	what time	「時」	→	when
「方法」	→	how	「数」	→	how many
「値段」	→	how much	「年齢（ねんれい）」	→	how old
「期間」	→	how long	「理由」	→	why

Q1 次の文の(　　)内の正しいほうを選び，〇で囲みなさい。 (4点×5=20点)

□ (1) (Who / What) did your sister study?
— She studied English.

□ (2) (How / Whose) dictionary is this?
— It is his.

□ (3) (When / What) happened last night?
— A big earthquake.

□ (4) (Who / Whose) is in the classroom now?
— Bill is.

□ (5) (Why / What time) is it?
— It is three thirty.

Q2 下線部が答えの中心になるような疑問文を作りなさい。 (6点×5=30点)

□ (1) He has <u>five</u> brothers.

____

□ (2) They are dancing in the classroom.

□ (3) Tom read the book yesterday.

□ (4) It is 5,000 yen.

□ (5) My father knows Mary very well.

Q3 次の日本文の下線部を英語に直しなさい。 (10点×5=50点)

□ (1) あなたのお父さんは何を洗っているところですか。— 車を洗っています。

— He is washing a car.

□ (2) メアリー(Mary)は今どこでテレビを見ていますか。— リビングでテレビを見ています。

— She is watching TV in the living room.

□ (3) 彼はいつギターを弾きましたか。— 昨夜弾きました。

— He played it last night.

□ (4) あなたは昨日，何時に起きましたか。— 6時に起きました。

— I got up at six o'clock.

□ (5) あれはだれの本ですか。— 私の兄のです。

— It's my brother's.

確認テスト 

 学習日　月　日　答え → 別冊 p.21 

制限時間 45 分　 / 100点

出題範囲 セクション52～64

1 次の(　　)内に入る語句を選び，番号で答えなさい。 (4点×5=20点)

□ (1) だれがこの部屋を使いましたか。 (　　　　) used this room?
① Who　② Whose　③ What

□ (2) 彼は何時に宿題を終えましたか。 (　　　　) did he finish his homework?
① What date　② What time　③ What day

□ (3) これはだれの辞書ですか。 (　　　　) dictionary is this?
① Whose　② Who　③ Whom

□ (4) あれはいくらですか。 (　　　　) is that?
① How many　② How much　③ What time

□ (5) なぜあなたはそのようなことを言ったのですか。
(　　　　) did you say such a thing?
① Why　② When　③ Where

2 下線部が答えの中心になるような疑問文を作りなさい。 (5点×8=40点)

□ (1) She went to the park last night.

____

□ (2) He usually studies English in his room.

____

□ (3) They called Mr. Brown at seven o'clock.

____

□ (4) Mike is walking in the park.

____

□ (5) Susan has three children.

____

□ (6) The book is five dollars.

____

□ (7) These are <u>your</u> notebooks.

____

□ (8) They are <u>studying</u> in the library.

____

3 次の日本文に合うように，（　　）内の語句を並べかえなさい。

（5点×4=20点）

□ (1) あなたのお母さんは今何をしていますか。
(mother / doing / is / your / what) now?

____ now?

□ (2) あなたのお兄さんは何台の車を持っていますか。
(your / does / brother / how many / cars / have)?

____?

□ (3) 彼らは今どこで勉強していますか。
(now / are / they / studying / where)?

____?

□ (4) 彼女はいつ日本に到着(とうちゃく)しましたか。
(did / arrive / when / she / in) Japan?

____ Japan?

4 次の日本文を英語に直しなさい。

（5点×4=20点）

□ (1) トム（Tom）は今，何をしていますか。— ギターを弾(ひ)いているところです。

____

□ (2) どのようにしてあなたはここに来ましたか。

____

□ (3) あなたは何匹(なんびき)の犬を飼っていますか。

____

□ (4) なぜ彼はここにいたのですか。

____

著者紹介

東進ハイスクール・東進衛星予備校　講師
メガスタディ(メガスタ)オンライン　講師

杉山 一志（すぎやま　かずし）

1977年生まれ。大阪府出身。大阪府立旭高等学校国際教養科を経て，同志社大学文学部教育学科卒業。大学3年次にワーキングホリデー制度を活用して，ニュージーランドに渡航し，10か月間語学留学・就労経験を持つ。帰国後，実用英語習得の必要性を感じ，独自の方法で英語学習を開始し，試行錯誤の上，実用英語技能検定1級を取得。また，TOEICテストでもリスニング・ライティングで満点を取得。

現在は，大学受験指導や英語検定試験（英検）指導などを中心に，幅広い年代の学習者に英語指導を行なっている。大学受験指導では，東大クラス・難関国立クラス・早慶大クラス等，幅広く講座を担当している。

著書に「小学・中学・高校英文法パターンドリル」シリーズ（文英堂），「究極の音読プログラム初級・中級・上級・ビジネス編」（IBCパブリッシング），「小学英語・中学英語スーパードリル」シリーズ（Jリサーチ出版）などの代表作をはじめ，監修・共著などを含めると手がけた書籍は，80冊を超える。

□ 編集協力　株式会社 WIT HOUSE　千葉瑠衣子　坂東啓子
□ 本文デザイン　八木麻祐子（ISSHIKI）　木村昇（CONNECT）
□ ＤＴＰ　榊デザインオフィス
□ イラスト　大塚たかみつ
□ 音声収録　一般財団法人 英語教育協議会（ELEC）

シグマベスト
中１英文法パターンドリル

著　者　杉山一志
発行者　益井英郎
印刷所　中村印刷株式会社
発行所　株式会社文英堂
〒601-8121　京都市南区上鳥羽大物町28
〒162-0832　東京都新宿区岩戸町17
(代表)03-3269-4231

ΣBEST シグマベスト

中1 英文法パターンドリル

解答集

文英堂

注 I am[I'm] a singer. の表記は,「下線部のI amはI'mでも正解」という意味です。

セクション 1

(1) am (2) am (3) are (4) am (5) are

(1) I am a doctor
(2) You are a vet
(3) I am busy
(4) I am fine
(5) You are famous

(1) I am[I'm] a singer.
(2) You are[You're] a teacher.
(3) I am[I'm] a vet.
(4) You are[You're] busy.
(5) You are[You're] young.

セクション 2

(1) is (2) is (3) is (4) is (5) is

(1) He is a cook
(2) She is a musician
(3) He is cool
(4) My father is healthy
(5) The cat is pretty

(1) She is[She's] a writer.
(2) My brother is a musician.
(3) She is[She's] kind.
(4) Tom is healthy.
(5) Jane is tall.

セクション 3

(1) are (2) are (3) are (4) are (5) are

(1) We are students
(2) They are scientists
(3) We are teachers
(4) We are sad
(5) They are busy

(1) We are[We're] doctors.
(2) They are[They're] students.
(3) They are[They're] designers.
(4) They are[They're] happy.
(5) We are[We're] kind.

セクション 4

(1) is (2) is (3) This (4) is (5) That

(1) This is a chair
(2) That is a computer
(3) This is a CD
(4) This is Bob
(5) That is Cathy

(1) This is a carrot.
(2) That is[That's] a cookie.
(3) This is a computer.
(4) This is Cathy.
(5) That is[That's] Carlos.

セクション 5

Q1

(1) is (2) is (3) is (4) is (5) is

Q2

(1) This game is exciting
(2) That flower is beautiful
(3) This DVD is interesting
(4) This boy is David
(5) That girl is Emma

Q3

(1) This doll is pretty [cute].
(2) That book is interesting.
(3) This pen is useful.
(4) This flower is beautiful.
(5) That car is big [large].

セクション 6

Q1

(1) are (2) Those (3) These (4) are (5) are

Q2

(1) These are chairs
(2) Those are computers
(3) These are CDs
(4) These are lawyers
(5) Those are English teachers

Q3

(1) These are desks.
(2) Those are CDs.
(3) These are computers.
(4) Those are lawyers.
(5) These are English teachers.

セクション 7

Q1

(1) are (2) Those (3) These (4) are (5) are

Q2

(1) These chairs are small
(2) Those computers are expensive
(3) These movies are interesting
(4) These birds are pretty
(5) Those actors are cool

Q3

(1) Those pens are useful.
(2) These books are interesting.
(3) These desks are small.
(4) These boys are cool.
(5) Those birds are pretty [cute].

セクション 8

Q1

(1) Is (2) Is (3) Are (4) Are (5) Is

Q2

(1) Is he a carpenter
(2) Is that a computer
(3) Are you a singer
(4) Is he fine
(5) Are these books interesting

Q3

(1) Is he sad?
(2) Are you fine?
(3) Are they carpenters?
(4) Is this man busy?
(5) Are those books interesting?

セクション 9

(1) is　(2) is not　(3) they are　(4) I'm not

(5) it is

(1) Yes, he is

(2) No, it is not

(3) Yes, I am

(4) No, he isn't

(5) Yes, they are

(1) No, they are not [aren't].

(2) Yes, it is.

(3) Yes, I am.

(4) Yes, it is.

(5) No, they are not [aren't].

セクション 10

(1) am not　(2) is not　(3) are not　(4) is not

(5) aren't

Q2

(1) He is not a doctor

(2) I am not a nurse

(3) That is not a museum

(4) Sam isn't busy

(5) These problems aren't easy

Q3

(1) George is not [isn't] a doctor.

(2) That is not [isn't] a pen.

(3) She is not [isn't] a nurse.

(4) I am [I'm] not busy.

(5) Those problems are not [aren't] easy.

確認テスト 1

1

(1) ①　(2) ②　(3) ①　(4) ①　(5) ③

2

(1) I'm a teacher.

(2) He is not [isn't] a musician.

(3) These bags are not [aren't] large.

(4) Is that man Mr. Smith? —Yes, he is.

(5) Those are not [aren't] high schools.

解説

(4) 答えの文では that man を he にするのを忘れないようにしましょう。

3

(1) a young　(2) are

(3) pencils, useful

4

(1) Is that a lion / Yes, it is

(2) Are these cars expensive / No, they aren't

(3) I'm not a student

(4) Are you Mr. White / Yes, I am

解説

(1) that（あれは）や this（これは）が主語の場合は，答えでは it を用います。

(2) these ～（これらの～）や those ～（あれらの～）が主語の場合は，答えでは they を用います。

5

(1) Are you a doctor?

—No, I am not [I'm not].

(2) That mountain is beautiful.

(3) These desks are very big [large].

(4) Those are computers.

解説

(3) very「とても，大変」は形容詞や副詞などの意味を強める語です。

セクション 11

(1) like (2) like (3) like (4) like (5) like

(1) I like basketball
(2) I like Mary
(3) You like Osaka
(4) I like music
(5) You like fruits

(1) I like Tokyo.
(2) I like tennis.
(3) You like baseball.
(4) I like Tom.
(5) You like John.

セクション 12

(1) play (2) play (3) play (4) play (5) play

(1) I play rugby
(2) I play the flute
(3) You play the violin
(4) I play baseball
(5) You play volleyball

Q3

(1) I play the guitar.
(2) You play the flute.
(3) You play baseball.
(4) I play basketball.
(5) You play tennis.

セクション 13

(1) know (2) have (3) speak
(4) study (5) watch

(1) I have a notebook
(2) I study Korean
(3) You know Tom
(4) I watch this game
(5) You speak Spanish

(1) I study French.
(2) You have a notebook [notebooks].
(3) You watch that game.
(4) I speak Spanish.
(5) You know Mary.

セクション 14

(1) Do (2) Do (3) Do (4) Do (5) Do

(1) Do you speak Japanese
(2) Do you play the piano
(3) Do you study English
(4) Do you like music
(5) Do you know Bob

(1) Do you study Chinese?
(2) Do you speak English?
(3) Do you know Joe?
(4) Do you like Bob?
(5) Do you play volleyball?

セクション 15

(1) do (2) do (3) do not (4) do (5) don't

(1) No, I do not
(2) Yes, I do
(3) No, I don't
(4) Yes, I do
(5) No, I don't

(1) Yes, I do.
(2) No, I do not[don't].
(3) Yes, I do.
(4) No, I do not [don't].
(5) No, I do not[don't].

セクション 16

(1) do not like (2) do not speak
(3) do not use (4) don't know
(5) don't study

Q2

(1) I do not study Korean
(2) I do not know Kate
(3) You don't speak French
(4) I don't like baseball
(5) You don't play the violin

(1) I do not[don't] play soccer.
(2) You do not[don't] speak Korean.
(3) I do not[don't] study English.
(4) You do not[don't] know Kate.
(5) You do not[don't] like baseball.

セクション 17

(1) likes (2) likes (3) likes
(4) likes (5) likes

(1) He likes tennis
(2) He likes science
(3) She likes volleyball
(4) He likes Mary
(5) She likes Korea

(1) He likes math.
(2) She likes English.
(3) He likes volleyball.
(4) She likes tennis.
(5) He likes Korea.

セクション 18

(1) plays (2) plays (3) plays
(4) plays (5) plays

Q2

(1) Ken plays baseball
(2) The boy plays the drums
(3) My mother plays the guitar
(4) This student plays rugby
(5) Yuki plays volleyball

(1) Bill plays the guitar.
(2) That boy plays basketball.
(3) My sister plays the piano.
(4) My brother plays the trumpet.
(5) This student plays tennis.

セクション 19

(1) makes (2) helps (3) writes
(4) loves (5) knows

(1) He writes an e-mail
(2) This teacher knows Mary
(3) The woman makes dinner
(4) He loves Kate
(5) This student helps that teacher

(1) This woman writes a letter [letters].
(2) She makes [cooks] dinner.
(3) That man knows Kate.
(4) He helps Mary.
(5) Kate loves Jim.

セクション 20

(1) watches (2) washes (3) teaches
(4) studies (5) tries

(1) That woman washes the dishes
(2) He studies French
(3) She teaches Korean
(4) Anne tries Japanese food
(5) She watches the game

(1) That teacher teaches French.
(2) This boy studies English.
(3) She tries Korean food.
(4) That man watches the [that] game.
(5) My brother washes a [the] bike.

セクション 21

(1) has (2) has (3) has
(4) goes (5) goes

(1) The actor has a car
(2) He has a CD
(3) The actor has a dog
(4) She goes to a museum
(5) The teacher goes to the station

(1) He has a map.
(2) The [That] teacher has a pen.
(3) She goes to the[that] station.
(4) He goes to the [that] park.
(5) This woman has a cat.

セクション 22

(1) Does (2) Does (3) Does, help
(4) Does, play (5) Does, watch

(1) Does your sister study Chinese
(2) Does he have a pen
(3) Does she write letters
(4) Does that man love Mary
(5) Does that woman know Bob

(1) Does the girl make a cake [cakes]?
(2) Does the man study Chinese?
(3) Does she play the piano?
(4) Does he know Jim?
(5) Does Mr. Brown have a car?

セクション 23

(1) does not (2) does (3) does not
(4) does (5) doesn't

Q2

(1) No, she does not
(2) Yes, he does
(3) No, she does not
(4) Yes, he does
(5) No, she doesn't

Q3

(1) Yes, she does.
(2) No, he does not [doesn't].
(3) Yes, she does.
(4) No, he does not [doesn't].
(5) No, she does not [doesn't].

セクション 24

(1) does not (2) does not (3) does not
(4) doesn't (5) doesn't

(1) Jim does not study Chinese
(2) He does not have an umbrella
(3) She does not love Jim
(4) The man doesn't write letters
(5) She doesn't go to the library

Q3

(1) Mary does not [doesn't] play the piano.
(2) Tom does not [doesn't] study Chinese.
(3) She does not [doesn't] write a letter [letters].
(4) Jim does not [doesn't] love Kate.
(5) He does not [doesn't] go to the library.

セクション 25

(1) He (2) him (3) His
(4) They (5) We

Q2

(1) She is your teacher
(2) That is their school
(3) His brother is a cook
(4) We like her very much
(5) They are junior high school students

(1) Her father is a teacher.
(2) You are [You're] junior high school students.
(3) This is our house.
(4) I am [I'm] their brother.
(5) We like him very much.

確認テスト 2

1

(1) ① (2) ② (3) ② (4) ① (5) ア③ イ②

2

(1) Do you use this bike every day?
— Yes, I do.
(2) He does not [doesn't] wash his car every Sunday.
(3) She does not [doesn't] have a friend in America.
(4) He goes to school by bus.

解説

(4) 主語が3人称単数の場合，go は goes になることに注意しましょう。

3

(1) ア (2) ウ (3) イ (4) エ

解説

(1)(3) Do ～？や Does ～？には，do や does を用いて答えることに注意しましょう。

4

(1) Do you like baseball / Yes, I do

(2) Does he go to the library / No, he doesn't

(3) My father studies English

(4) Mike doesn't have a car

5

(1) She likes Korea very much.

(2) Does he play the violin? — No, he does not[doesn't].

(3) I do not[don't] like Bob.

(4) That man plays baseball.

解説

(1) 一般動詞を説明する「とても」は，文末に very much をつけて表現します。

セクション 26

(1) am playing (2) is playing (3) is playing

(4) is playing (5) are playing

Q2

(1) I am playing soccer

(2) My friend is playing football

(3) The man is playing the violin

(4) She is playing the flute

(5) My mother is playing the piano

Q3

(1) My sister is playing the flute now.

(2) My father is playing the violin now.

(3) That man is playing football now.

(4) He is[He's] playing tennis.

(5) I am[I'm] playing the piano.

セクション 27

(1) am studying (2) is speaking

(3) are washing (4) is watching (5) is cooking

Q2

(1) My mother is cooking dinner

(2) They are speaking Korean

(3) Your brother is watching a TV drama

(4) He is washing his bike

(5) The boy is studying history

(1) My brother is washing his bike now.

(2) I am[I'm] studying French now.

(3) He is[He's] speaking English now.

(4) My mother is cooking[making] lunch.

(5) We are[We're] watching TV in the living room.

セクション 28

(1) am making (2) is using (3) are writing

(4) is running (5) is swimming

(1) We are using a computer

(2) They are swimming in the pool

(3) Tom is running on the track

(4) The girl is writing an e-mail

(5) Mary is making a doll

(1) My father is writing a letter[letters] now.

(2) They are[They're] swimming in the river.

(3) My mother is making a cake[cakes].

(4) He is[He's] running on the track.

(5) Tom is using a computer now.

セクション 29

(1) Are you playing (2) Is his father speaking
(3) Is Mary studying (4) Is the man using
(5) Are they writing

(1) Are you studying math
(2) Is her father using a computer
(3) Is she writing a song
(4) Is Tom playing soccer
(5) Is his brother speaking Korean

Q3

(1) Is your father studying Korean now?
(2) Is he writing an e-mail [e-mails] now?
(3) Is the man speaking English now?
(4) Are you using a [the] computer now?
(5) Is she playing tennis now?

セクション 30

(1) I am (2) we are not (3) he is
(4) he isn't (5) she isn't

Q2

(1) No, I am not (2) Yes, he is
(3) No, she is not (4) No, they aren't
(5) Yes, she is

Q3

(1) Yes, I am.
(2) No, he is not [isn't].
(3) Yes, he is.
(4) No, she is not [isn't].
(5) Yes, they are.

セクション 31

(1) am not playing (2) are not studying
(3) is not making (4) is not using
(5) am not writing

(1) He is not playing soccer
(2) I am not using a computer
(3) Betty isn't making a doll
(4) I'm not writing an e-mail
(5) They're not studying math

(1) My brother is not [isn't] studying English now.
(2) She is not [isn't] making a doll [dolls].
(3) Betty is not [isn't] writing a song [songs] now.
(4) Bob is not [isn't] using a [the] computer now.
(5) They are not [aren't] playing soccer.

セクション 32

(1) can play (2) can play (3) can write
(4) can speak (5) can use

(1) You can swim well
(2) Emily can speak French
(3) He can play baseball well
(4) She can play the violin very well
(5) My friend can use the Internet

(1) He can play soccer well.
(2) My mother can speak French well.

(3) I can use that computer.
(4) I can play the violin.
(5) That man can swim very well.

セクション 33

(1) Can you play　(2) Can she play
(3) Can Mary speak　(4) Can you write
(5) Can he run

Q2

(1) Can you use a computer
(2) Can you speak French well
(3) Can he play the piano well
(4) Can your brother run fast
(5) Can she swim fast

Q3

(1) Can you write a letter [letters] well?
(2) Can Jack speak Japanese?
(3) Can she run fast?
(4) Can you swim fast?
(5) Can your father use that computer?

セクション 34

(1) he can　(2) she can't　(3) I can't
(4) he can　(5) I can't

Q2

(1) No, she cannot
(2) Yes, I can
(3) No, he can't
(4) Yes, she can
(5) No, he cannot

Q3

(1) Yes, she can.
(2) No, I cannot [can't].
(3) Yes, he can.
(4) No, I cannot [can't].
(5) Yes, he can.

セクション 35

(1) cannot play　(2) cannot play
(3) cannot write　(4) can't run
(5) can't swim

(1) I cannot speak English well
(2) My mother cannot use a computer
(3) He cannot play the piano well
(4) She can't play volleyball well
(5) You can't run fast

(1) He cannot [can't] dance well.
(2) She cannot [can't] use that computer.
(3) She cannot [can't] speak English well.
(4) I cannot [can't] sing English songs.
(5) He cannot [can't] swim fast.

確認テスト 3

1

(1) studying　(2) making　(3) talking
(4) using　(5) swimming

2

(1) I'm [I am] not reading a book.
(2) He does not [doesn't] wash his car every Sunday.
(3) Can John play the guitar very well?
— No, he cannot [can't].
(4) Susan is watching a baseball game.
(5) Are you writing a letter to her now?

3

(1) ①　(2) ③　(3) ①　(4) ③

4

(1) He is taking pictures
(2) They are not eating dinner now
(3) Is Mary working in the library now / Yes, she is
(4) Are you helping your teacher now / No, I'm not

解説

現在進行形では，動詞の ing 形の前に be 動詞を置くことを忘れないようにしましょう。

5

(1) I am[I'm] listening to music now.
(2) My sister is not[isn't] doing her[the] homework now.
(3) Are you eating[having] lunch now?
(4) My mother cannot[can't] drive a car well.

解説

(1)「～を聞く」listen to ～
(2)「宿題をする」というときの動詞は，do を用います。

セクション 36

(1) played (2) played (3) played
(4) played (5) played

Q2

(1) I played baseball
(2) Tom played the trumpet
(3) They played volleyball
(4) We played soccer
(5) The students played football

Q3

(1) We played volleyball last week.
(2) She played the violin yesterday.
(3) The[Those] students played basketball yesterday.
(4) The[Those] boys played baseball yesterday.
(5) Mary played the trumpet last night.

セクション 37

(1) watched (2) washed (3) helped
(4) enjoyed (5) called

Q2

(1) My mother watched a drama
(2) My sister washed the dishes
(3) She helped Bob
(4) We enjoyed the baseball game
(5) He called Tom

(1) The boy helped Mary last month.
(2) I called Bob last night.
(3) He enjoyed the[a] party last week.
(4) His father washed his car four days ago.
(5) We enjoyed the[a] baseball game last week.

セクション 38

(1) liked (2) loved (3) used
(4) studied (5) tried

(1) I loved Jim long ago
(2) He used the bike long ago
(3) They liked math long ago
(4) We studied science three years ago
(5) The girl cried last night

(1) I loved Mary long ago.
(2) We liked English long ago.
(3) His father used that bike long ago.
(4) Kate cried last night.
(5) They studied history two years ago.

セクション 39

(1) met (2) went (3) spoke
(4) gave (5) ate

Q2

(1) I met some friends
(2) He went to the park
(3) I wrote a letter to Mary last
(4) Kate gave a present to her friend last
(5) My brother ate *natto* for

(1) I met [saw] my friend yesterday.
(2) Ken went to the [that] park yesterday morning [in the morning yesterday].
(3) She wrote a letter to her mother last week.
(4) He ate [had] an apple yesterday.
(5) My brother gave a present to his friend yesterday.

セクション 40

(1) Did you (2) Did you (3) Did your brother
(4) Did he study (5) Did that girl cry

(1) Did you love Kate
(2) Did you study Chinese
(3) Did you live in Osaka
(4) Did you try Korean food
(5) Did you use a bike

(1) Did that girl like French?
(2) Did they study English a week ago?
(3) Did he live in Kyoto last year?
(4) Did your mother cry last night?
(5) Did your father use the [that] computer three days ago?

セクション 41

(1) did (2) did not (3) I did
(4) he didn't (5) I didn't

(1) No, I did not
(2) Yes, he did
(3) No, she did not
(4) No, he didn't
(5) Yes, I did

(1) Yes, I did.
(2) Yes, I did.
(3) Yes, he did.
(4) No, she did not [didn't].
(5) No, I did not [didn't].

セクション 42

(1) did not like (2) did not live
(3) didn't use (4) didn't study
(5) didn't cry

(1) We did not study English
(2) I did not like him
(3) They didn't cry
(4) He didn't love Mary
(5) The man didn't take a bath

(1) He did not [didn't] live in Kyoto last year.
(2) They did not [didn't] study history yesterday.

(3) My father did not[didn't] use his computer a week ago.
(4) My sister did not[didn't] cry last night.
(5) His father did not[didn't] take a bath yesterday.

セクション 43

(1) was (2) were (3) was
(4) was (5) were

Q2

(1) My father was a soccer player
(2) He was a doctor
(3) That was her dictionary
(4) They were busy
(5) That picture was beautiful

Q3

(1) He was a teacher.
(2) That mountain was beautiful.
(3) We were soccer players.
(4) They were young.
(5) Those students were busy.

セクション 44

(1) is (2) is (3) was (4) are (5) was

Q2

(1) He is in his room
(2) The girl is on the bed
(3) The students were in the classroom
(4) They were on the playing field
(5) The dog was on the chair

Q3

(1) The cat was on the bed.
(2) Tom was in his room.
(3) Those books are under the chair.
(4) That book was on the table.
(5) The students were in the park.

セクション 45

(1) Was (2) Was (3) Were
(4) Were (5) Was

Q2

(1) Was he famous
(2) Was that key in
(3) Was she in the classroom
(4) Was that town beautiful
(5) Was the dog big

(1) Was the book on the chair?
(2) Was that woman[lady] a doctor long ago?
(3) Was Mr. Green busy?
(4) Was that key on the table?
(5) Were they in the classroom?

セクション 46

(1) was not (2) was (3) we weren't
(4) I was (5) he wasn't

Q2

(1) No, he was not (2) Yes, we were
(3) No, it wasn't (4) Yes, they were
(5) No, it wasn't

Q3

(1) No, he was not[wasn't].
(2) Yes, they were.
(3) No, he was not[wasn't].
(4) Yes, I was.
(5) No, she was not[wasn't].

セクション 47

(1) was not (2) was not (3) were not
(4) weren't (5) wasn't

(1) He was not busy
(2) That key was not on
(3) They weren't in the classroom
(4) That man wasn't tall
(5) The house was not large

(1) The book was not [wasn't] on the table.
(2) That man was not [wasn't] an engineer.
(3) David was not [wasn't] busy.
(4) The cat was not [wasn't] on the chair.
(5) These students were not [weren't] in the classroom.

セクション 48

(1) was playing (2) were playing
(3) was washing (4) were using
(5) was swimming

(1) His mother was playing the flute
(2) The girls were running in the park
(3) We were watching a TV drama
(4) I was writing an e-mail
(5) My daughter was making a doll

(1) They were playing baseball then [at that time].
(2) They were speaking Korean then [at that time].
(3) I was studying history then [at that time].
(4) Ken was swimming in the lake.
(5) The boys were running in the park then [at that time].

セクション 49

(1) Were you playing
(2) Was he studying
(3) Was that dog running
(4) Was the lady sitting
(5) What was Mary doing

(1) Were you speaking Spanish
(2) Was the cat sitting on the grass
(3) Were they cleaning the classroom
(4) Was the man running on the track
(5) Was she playing the guitar

(1) Was Emily playing the piano then [at that time]?
(2) Were they speaking Spanish then [at that time]?
(3) Was the man sitting on the chair then [at that time]?
(4) Was the lady [woman] cleaning the classroom then [at that time]?
(5) What were the boys doing then [at that time]?

セクション 50

(1) was (2) was (3) was not
(4) he was (5) was cleaning

(1) Yes, I was (2) No, she was not
(3) Yes, she was (4) No, he wasn't

(5) Yes, she was

(1) Yes, I was.
(2) He was eating dinner.
(3) Yes, she was.
(4) No, he was not [wasn't].
(5) Yes, it was.

セクション 51

(1) was not playing (2) was not studying
(3) was not making (4) was not using
(5) wasn't running

(1) My friends were not playing soccer
(2) He was not using a computer
(3) My daughter was not making a doll
(4) My son wasn't writing an e-mail
(5) They weren't studying math

(1) He was not [wasn't] playing baseball with his friend [friends].
(2) We were not [weren't] running in the park.
(3) Her daughter was not [wasn't] writing a letter [letters] then [at that time].
(4) My son was not [wasn't] using his dictionary then [at that time].
(5) Mary was not [wasn't] making [cooking] breakfast then [at that time].

確認テスト 4

1

(1) watched (2) made (3) talked
(4) had (5) went (6) studied

解説

過去形は過去の動作や状態を表します。yesterday や last ～ という語句とともに使われることが多いことを確認しましょう。

2

(1) イ (2) ア (3) ア
(4) ウ (5) ウ (6) イ

3

(1) I went to the park yesterday.
(2) Was he studying English at that time?
(3) They didn't [did not] call Mr. Brown last week.
(4) Was Mike playing in the park then?
— Yes, he was.
(5) They weren't [were not] busy last night.

解説

時を表す語句をつけ加えるだけでなく，動詞の時制も変える必要があります。be動詞と一般動詞をしっかり区別して，英文を作ることが大切です。

4

(1) invited (2) played
(3) studied (4) visited
(5) went (6) had

解説

(1)「私たちは彼をパーティーに招待した」の意味になります。

5

(1) He was listening to music
(2) My mother didn't do anything
(3) My brother didn't do his homework
(4) She was in the library this

6

(1) Were you talking with him then [at that time]?
— No, I was not [wasn't].
(2) Did she go to school last week?

セクション 52

(1) did you eat (2) is your sister
(3) does your brother study
(4) did they make (5) is he saying

(1) is he writing
(2) did you read yesterday
(3) did your brother study yesterday
(4) What does she do
(5) What does Tom have

(1) What did she make yesterday?
(2) What are you reading now?
(3) What does your sister study?
(4) What did you do yesterday?
(5) What do you have in your hand [hands]?

セクション 53

(1) What sport
(2) What fruit
(3) What subject does
(4) What color did the boy like
(5) What movie did you watch

(1) color do you like
(2) What fruit did your brother eat
(3) What animal was
(4) What sport does your father do
(5) What subject is he studying now

(1) What subject do you like?
(2) What movie did he watch last night?
(3) What color did the girl like?
(4) What animal was there?
(5) What fruit did he eat[have] yesterday?

セクション 54

(1) What time (2) What time do you
(3) What time did (4) What time do they
(5) What time did the accident

(1) What time is it
(2) time did they come
(3) What time does Mary get up
(4) What time did the earthquake happen
(5) What time did you go to bed last night

(1) What time is it in London now?
(2) What time did Mary go to bed last night?
(3) What time did he come to school yesterday?
(4) What time did the earthquake happen there?
(5) What time do you get up on Sundays?

セクション 55

(1) Who is watching (2) Who is singing
(3) Who studies (4) Who was
(5) Who said

(1) Who is studying English
(2) Who used this dictionary
(3) Who is watching the movie
(4) Who did so
(5) Who likes you

(1) Who knows your father?
(2) Who is studying math now?
(3) Who is in the park?
(4) Who met [saw] you last night?
(5) Who loves your brother?

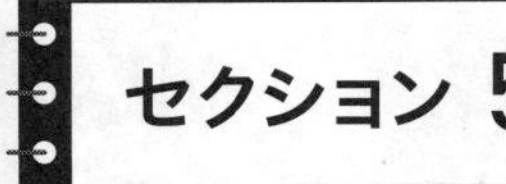

セクション 56

(1) Who do (2) Who did you meet
(3) Who is he (4) Who does
(5) Whom does your father know

(1) does he love
(2) Who did you meet
(3) Who does Mary know
(4) Who did your sister teach English
(5) Whom do they like

(1) Who do you love?
(2) Who did your father meet [see] yesterday?
(3) Who does your sister know well?
(4) Who does he teach English
(5) Whom does she like?

セクション 57

(1) Whose pen
(2) Whose dictionary is
(3) Whose books
(4) Whose computer did you
(5) Whose diary is he

(1) bike is that
(2) Whose cars are these
(3) Whose pen are you using
(4) Whose dictionary did she borrow
(5) Whose book is interesting

(1) Whose computers are those?
(2) Whose house is that?
(3) Whose dictionary is she using?
(4) Whose mother is that?
(5) Whose story was interesting?

セクション 58

(1) How many pens
(2) How many dictionaries
(3) How many brothers does
(4) How many boys are
(5) visitors came

(1) books do you have
(2) many countries do you know
(3) How many cars does your father have
(4) How many dogs are running in the
(5) How many girls came

(1) How many sisters does she have?
(2) How many dogs do you have?
(3) How many dictionaries did you use yesterday?
(4) How many boys are playing baseball now?
(5) How many visitors came to the [that] temple?

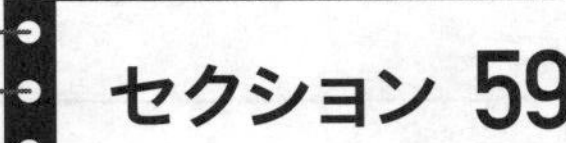

セクション 59

(1) How much (2) How much
(3) was that (4) are (5) does

(1) How much is this dictionary
(2) How much are these computers
(3) How much is it
(4) How much did Tom pay
(5) How much was the rent

(1) How much is this computer?
(2) How much are those?
(3) How much did that cost?
(4) How much did you pay for this camera?
(5) How much was that car?

セクション 60

(1) How tall (2) How old (3) How
(4) How far (5) How long

Q2

(1) How old are you
(2) How did you learn English
(3) How can we go there
(4) How do you eat this fruit
(5) How long did Ken stay in

(1) How old was she then [at that time]?
(2) How far is it from your house to the library?
(3) How tall is he?
(4) How long did they stay there?
(5) How does he go to school?

セクション 61

(1) Where is (2) Where are
(3) were they (4) did they go (5) did she get

(1) Where was the dog
(2) Where are they studying
(3) Where did they buy those books
(4) Where is he going
(5) Where does your father work

(1) Where was she?
(2) Where are they playing baseball now?
(3) Where are you going?
(4) Where does your brother work?
(5) Where did you buy [get] this book?

セクション 62

(1) When is (2) is (3) did they
(4) did they go (5) did she get

(1) When is your sister's birthday
(2) When is the graduation ceremony
(3) When did they go to the U.K.
(4) When does your school begin
(5) When does spring come

(1) When is her birthday?
(2) When did you buy [get] this book?
(3) When did that man go to the U.K.?
(4) When did she get that book?
(5) When did you start [begin] your job?

セクション 63

(1) Why were (2) Why (3) are they
(4) Why (5) did Kate get

(1) Why is that boy standing

(2) Why do you study Korean

(3) Why did that woman go to

(4) Why is that dog barking

(5) Why are those students in

Q3

(1) Why is that man in the park?

(2) Why do you study English?

(3) Why did he buy[get] this bike?

(4) Why is Mary crying now?

(5) Why was she there?

セクション 64

(1) What　(2) Whose　(3) What

(4) Who　(5) What time

(1) How many brothers does he have?

(2) Where are they dancing?

(3) When did Tom read the book?

(4) How much is it[this, that]?

(5) Who does your father know very well?

(1) What is your father washing?

(2) Where is Mary watching TV now?

(3) When did he play the guitar?

(4) What time did you get up yesterday?

(5) Whose book is that?

確認テスト 5

1

(1) ①　(2) ②　(3) ①　(4) ②　(5) ①

2

(1) When did she go to the park?

(2) Where does he usually study English?

(3) What time did they call Mr. Brown?

(4) Who is walking in the park?

(5) How many children does Susan have?

(6) How much is the book?

(7) Whose notebooks are these?

(8) What are they doing in the library?

解説

(2) usually「いつもは」 (8)「彼ら[彼女ら]は図書館で何をしているところですか」という意味の文を作ります。

3

(1) What is your mother doing

(2) How many cars does your brother have

(3) Where are they studying now

(4) When did she arrive in

4

(1) What is Tom doing now?

— He is[He's] playing the guitar.

(2) How did you come here?

(3) How many dogs do you have?

(4) Why was he here?

[MEMO]

[MEMO]